교회 기초 시리즈

Understanding Church Leadership

교회의 지도력

시리즈 편집인 **조나단 리먼**
지은이 **마크 데버**
옮긴이 **임도균**

교회 기초 시리즈
Understanding Church Leadership

교회의 지도력

초판 1쇄 발행 2021년 3월 25일

지은이	마크 데버
옮긴이	임도균
발행인	이요섭
기획	박찬익
편집	송수자
디자인	김한솔
제작	이인애
영업	김승훈, 정준용, 이대성

펴낸곳	도서출판 디사이플
등록	2018. 2. 6. 2018-000010호
주소	07238) 서울특별시 영등포구 국회대로76길 10
기획	(02)2643-9155
영업	(02)2643-7290 Fax (02)2643-1877

ⓒ 2021. 도서출판 디사이플 all rights reserved.

ISBN 979-11-90964-15-9 04230
       979-11-90964-06-7 (세트)

값 8,000원

Copyright © 2016 by Mark Edward Dever and 9Marks
Originally published in English under the title
Understanding Church Leadership by B&H Publishing Group
One LifeWay Plaza, Nashville, TN 37234, USA
All rights reserved.
Used and translated by the permission of 9Marks
525 A St. NE, Washington D.C. 20002, USA
This Korean edition copyright © 2020 by Disciple Press, Seoul, Republic of Korea
이 한국어판의 저작권은 9Marks와 계약한 도서출판 디사이플에 있습니다.
신 저작권법에 의하여 한국 내에서 보호 받는 저작물이므로 무단 전재와 무단 복제를 금합니다.
본문에 인용된 성경 구절은 대한성서공회의 성경전서 개역개정판을 사용하였습니다.

CONTENTS

교회 기초 시리즈 서문   5
서론   6

1장   집사는 누구인가?   13
2장   집사는 무엇을 하는가?   21
3장   장로는 누구인가?   28
4장   장로는 무엇을 하는가?   34
5장   장로들은 교회 직원, 집사, 그리고 "목사"와 어떻게 관련이 있는가?   44
6장   장로는 어떻게 회중과 관련되는가?   49
7장   교회 회원은 누구인가?   57

결론   하나님의 영광이 드러남   69
부록   집사 직무에 대한 설명   77
성구 색인   89

CHURCH BASICS

교회 기초 시리즈 서문

그리스도인의 삶은 교회를 중심으로 한 삶이다. 이 기본적인 성경적 확신이 교회 기초 시리즈 전체에 깔려 있다.

그 확신은 각 저자가 자신의 주제를 다루는 방식에도 영향을 미친다. 예를 들어, 주의 만찬은 당신과 예수님의 사적이고 영적인 행위가 아니다. 그것은 성도들이 식탁에 둘러앉아 함께 식사하는 것이다. 대위임령은 그리스도인 한 사람 한 사람을 예수님의 증인으로 열방 가운데 보내기 위한 자격증이 아니다. 이것은 모든 교회가 수행해야 하는, 모든 교회에 주어진 책임이다. 교회의 권위는 지도자뿐만 아니라 모든 회중에게 달려 있다. 당신을 포함한 모든 사람이 수행할 역할이 있다.

시리즈 전체는 일반 교인들을 위해 쓰였다. 이것이 중요한 특징이다. 그리스도인의 삶이 교회를 중심으로 한다면, 침례(세례) 받은 교회 회원은 이런 기본적인 주제를 이해해야 한다. 예수님이 당신에게 복음을 전하고 지키라는 명령과 함께, 교회를 전하고 지키라는 책임도 부여하셨다. 이 시리즈가 어떻게 그러한 일을 감당해야 하는지 설명할 것이다.

당신은 그리스도의 복음사역주식회사 주주라고 할 수 있다. 좋은 주주는 자기가 투자한 회사에 대해 알아본다. 시장조사도 하고, 경쟁 회사를 알아보기도 한다. 자신이 주식을 산 그 회사에서 많은 이윤을 내고 싶어 한다. 당신은 복음에 전 생애를 투자한 셈이다. 이 시리즈의 목적은 당신의 지역 교회가 하나님의 영광스러운 복음을 땅 끝까지 전파하는 일을 잘 감당하고, 최상의 효과를 낼 수 있도록 돕는 것이다.

자, 이제 준비되었는가?

조나단 리먼 시리즈 편집인

서론

지역 교회의 리더십 문제는 중요한 주제이다. 교회에 대한 그리스도의 사랑을 생각해 보라. 예수님은 교회를 위해 자신을 바치셨다. 그분은 교회를 자신의 몸과 동일시하셨다. 그분은 말씀과 성령, 사역자들을 통해 계속해서 교회를 돌보고 공급하신다. 그리고 예수님은 마지막 날에 그의 빛나는 신부로서 교회를 빛나게 하실 것을 약속하셨다. 그러므로 교회를 리더하는 사람들은 높고 거룩한 책임을 지고 있다. 신부의 들러리들이 통로를 걸어갈 준비를 하면서 얼마나 조심스러워하는지 생각해 보라.

그리스도는 자신이 맞을 신부를 교회의 지도자들이 준비하기를 원하신다. 이러한 이유로 교회 리더십에 대하여 하나님의 말씀을 공부하고 돌아보며 기도하는 데 시간을 보낼 가치가 있다.

다음의 큰일

확실히 교회의 리더십은 교회에 분열을 일으킬 소지가 있다. 전통이 있는 오래된 교회에 부임한 젊은 목사가 리더십 구조를 바꾸려고 할 때 과연 어떤 반응일지 충분히 짐작할 수 있다. 몇 년 전, 휴스턴 제일침례교회에서 은퇴한 존 비사노(John Bisagno) 목사는 교회 조직에 대한 이슈가 오늘날 침례교회에서 분열을 일으키는 가장 큰 문제 중 하나라고 말했다.

문제는 몇 년마다 목회자 세미나와 출판사들이 다음의 큰일에 대해 모든 사람을 흥분시킨다는 것이다. 그리고 '다음의 큰일'이라는 부분은 마치 기업의 구조와도 같다. 1950년대에 어떤 목사가 자신의 리더십 구조를 다음과 같이 설명하고 있다. 이 목회자가 설명하는 것은 과연 교회일까? 은행일까?

> 내가 드루이드힐스 교회의 목사가 되었을 때 첫 번째로 다음의 교회 상황을 이해하는 것이었다.
>
> 교회의 모든 부서에는 다음과 같은 직책이 있었다. 즉 집사 운영위원회의 의장과 부위원장, 재무위원회의 위원장과 부위원장, 행정팀의 위원장과 구제팀의 위원장과 교회학교 교장, 제자훈련팀 감독, 여선교회 회장, 남선교회 회장, 음악사역자, 교회 음악위원회 위원장, 새 교우팀 위원장, 중고등부 사역 위원장, 도서관 직원, 교회 행정 직원으로 구성된 목회 지원팀이 이미 있었다.[1]

이런 조직 구조에 대해 우리가 어떤 자신감을 가질 수 있을까!

이전 시대의 그리스도인들은 현대 교회에 있는 수많은 비성경적 직책을 승인했을까? 글쎄, 그들은 확실히 리더십과 조직의 몇몇 문제들에 대하여 신중해야 한다는 것을 인식했다. 1742년 필라델피아 침례교 고백(Philadelphia Baptist Confession)은 성경이 신앙과 삶에 필요한 모든 것을 "표현적으로" 정립한다고 안내한다. 여기에는 교회가 조직되어야 하는 방법이 포함된다. 그러나 이러한 고백은 "자연의 빛에

---

1 Louie D. Newton, *Why I Am a Baptist* (Boston: Beacon Press, 1957), 202.

의해 운영되는 인간의 행동과 사회와 하나님의 경배와 교회의 관리와 항상 지켜져야 하는 일반적인 규칙에 따라 기독교의 신중함에 관한 것들이 있다"라는 것을 인정하게 된다. 다시 말하자면 교회 관리는 어떤 허용 범위가 적절한가에 대한 문제다. 기독교인들은 항상 이것을 인정해 왔다.

동시에 그리스도인들은 성경에 지역 교회의 정치형태에 대한 구체적인 지침이 포함되어 있음을 알게 되었다. 그리고 리더십이 상황을 바꾸는데 노력을 하기 보다는 성경의 가르침대로 모든 사람을 위해 사용되어야 한다는 것을 인정하며 시작해야 한다.

이 책의 목적

· 성경은 어떤 리더십 모델을 추천하는가?

몇 년 전 나는 교회 운영형태를 주제로 한 '다양한 견해'를 소개하는 책에 기고요청을 받았다. '다양한 견해'(multiple views)라는 책의 목적은 다른 전통을 대표하는 사람들에게 자신들의 관점을 제시해 달라는 요청이었다. 필요한 일이라고는 생각하지만 나는 거절했다. 문제는 편집자가 '담임목사'의 견해를 제시할 것인지, '회중 정치'의 견해를 제시할 것인지, '장로의 복수성'의 견해를 제시할 것인지를 질문했기 때문이다. 사실 나는 성경이 이 모든 것을 옹호한다고 믿는다! 교회 회중은 회중주의의 상황에서 담임이나 리더 목사(lead Pasto) 또는 다수의 장로가 이끄는 것으로부터 유익함을 얻는다. 우리는 지역 교회의 생활에서 함께 공존하면서 서로 행복할 수 있는 상호간의 도움이 필요하다.

조나단 리먼(Jonathan Leeman)은 주로 회중의 권위에 대해 많은 토론을 하였다. 「회중의 권위」(Understanding the Congregation's Authority)라는 책은 그의 생각과 맥을 같이하는 책이다. 그는 토론에서 복수형 장로 리더십의 상황을 염두에 두면서 결론을 내린다. 그러나 나는 이 책에서 그 반대로 진행할 것이다. 나도 역시 많은 부분을 복수형 장로 리더십(집사 봉사와 함께)에 대해 토론할 것이지만, 주요 관점을 회중주의의 맥락에서 마무리할 것이다. 집사와 장로는 누구인가? 그들은 무엇을 하는가? 그들은 서로 어떻게 관련되고, 장로들은 회중 전체와 어떻게 관련되는가? 앞서 필자가 저술한 「하나님의 영광을 보여주기」(A Display of God's Glory)에서 리더십을 주제로 다시 쓰기는 했지만, 그 책의 상당 부분에 대한 설명을 이 책에서도 찾을 수 있을 것이다.

침례교 목사로서 개인적으로 견해를 나눈다면 나는 복수의 장로가 회중 권위와 책임을 이행하여 성도들을 세우는 것이 매우 도움이 된다고 생각한다. 여러분이 많은 선생과 목자를 둘 수 있는데 왜 한 명의 선생과 목자만 있는가? 더 많은 선물을 가질 수 있다! 더 많이 성장할 수 있다! 더 많은 성도가 사역하도록 세워갈 수 있다!

내가 지금 섬기고 있는 교회는 침례교(남침례교단)에 많은 이바지를 하고 있다. 앞으로 계속 그럴 것이다. 나의 목회적 리더십은 다른 사람들과 함께 봉사함으로써 유익을 주고 오히려 향상되었다. 나의 교회는 한 번도 유아들에게 세례를 주고 싶은 유혹을 받은 적이 없었다! 우리 성도들은 교회사역에서 수동적이 아니라 더욱 능동적이 되었다. 장로들은 그리스도가 교회에 주는 선물이다.

권위의 선물에 대해

물론 권위 있는 사람들을 선물처럼 만나는 것이 항상 쉬운 일은 아니다. 인간의 타락 이후 권위는 종종 남용됐지만, 권위를 적절히 인정하는 것은 여러모로 좋다. 그러나 하나님의 목적과는 별개로 권력은 언제나 악마적인 요소를 가지고 있다.

동시에 모든 권위를 의심하는 것은 좋지 않다. 우리가 하나님의 뜻대로 살아가려면 지도자를 믿을 수 있어야 한다. 이것은 권위 있는 지도자의 위치에서 만들어진 이미지까지 신뢰하는 것이다. 성경에 나오는 모든 사람, 즉 아담과 이브부터 '요한계시록'에 나오는 악한 통치자에 이르기까지, 하나님의 권위를 부정하고 그것을 자신의 것으로 이용한 예들은 근본적으로 인간의 악을 보여주는 것이다.

경건한 지도자들을 섬기는 것은 큰 특권이다. 그리고 경건한 리더십은 선물이다. 우리 시대의 사람들처럼 권위를 거부하는 것은 근시안적이고 자기 파괴적이다. 권위가 없는 세상은 구속이 없는 욕망, 통제가 없는 차, 신호등이 없는 교차로, 규칙이 없는 게임, 부모가 없는 집, 하나님이 없는 세상과 같을 것이다. 잠깐 지속할 수는 있지만, 머지않아 무의미하고 잔인하며 마침내 비극적으로 전개될 것이다.

권위를 무시하는 인간의 경향에도 불구하고, 성경에서 말하는 경건한 리더십은 하나님을 영화롭게 하는 교회를 세우는 데 매우 중요하다. 교회 리더십의 행사는 하나님의 본성과 인격과 관련이 있다. 법 집행과 준수를 통해, 가정 식탁을 중심으로, 직장에서, 스카우트 부대에서, 집에서, 특히 교회에서 적절한 권위를 행사할 때, 우리는 창조에 대한 하나님의 이미지를 표현하는 것이다. 이것은 교회 지도자들에 대한 요구다. 이끌어가는 것이 얼마나 큰 특권인가! 이들의 일을 지원하는 것 또한 얼마나 큰 특권인가!

Understanding Church Leadership

1장
집사는 누구인가?

먼저 오늘날 많은 교회에서 가장 친숙한 직무 중 하나인 집사의 직무부터 이야기해 보자. 각자 다르지만 '집사'라 하면 호화롭게 장식된 교회 응접실에서 고급스러운 긴 테이블에 둘러앉아 있는 백발의 은행가들의 모습을 떠올릴 수 있다. 아니면 교회 필요에 기초한 사역, 전도, 목회적인 보살핌을 조정하는 교회의 진지한 일꾼들을 떠올릴 수도 있다.

과연 성경에서 말하는 집사는 누구인가?

"집사"의 정의

헬라어 디아코노스(diakonos)는 보통 '종'으로, 때로는 '사역자'로 번역된다. 때로는 '디컨'의 음역으로 번역될 때도 있다.[2] 그것은 일반적으로 봉사를 뜻하는데 특히 통치자를 가리키거나,[3] 육체의 필요를 돌

---

2 행 1:17, 25, 19:22; 롬 12:7; 고전 12:5, 16:15; 엡 4:12; 골 4:17; 딤후 1:18; 몬 13; 히 6:10; 벧전 4:10-11; 계 2:19.
3 롬 13:4.

보는 것을 가리킬 수 있다.[4] 신약성경에서는 여성이 적어도 이 봉사의 일부를 감당했다는 것이 분명하다.[5] 천사도 봉사한다.[6] 때때로 식당에서 음식을 나르고 대접하는 섬김을 의미하기도 한다.[7]

신약성경의 세계는 종을 바라보는 시각이 현대의 우리와 비슷했다. 다른 사람들에게 봉사하는 것은 그리스인들에게 존경받지 못한 일이었다. 대신 그들은 항상 자존심을 유지하기 위해 자신의 성격과 성품을 발전시키는 것을 소중히 여기며 관심을 가졌다. 다른 사람들에 대한 집사의 서비스는 경멸했으며 "노예"로 간주하였다.

그러나 성경과 예수님은 전혀 다른 섬김을 실천하고 있다. 요한복음 12장 26절의 핵심어들을 음역(번역하지 않고)하면 예수님께서 말씀하시는 것을 듣게 될 것이다.

> "사람이 나를 섬기려면(deacon) 나를 따르라 나 있는 곳에 나를 섬기는 자(deacon)도 거기 있으리니 사람이 나를 섬기면(deacon) 내 아버지께서 그를 귀히 여기시리라."

마태복음 20장 26절에서 우리는 예수님께서 "너희 중에 누구든지 크고자 하는 자는 너희를 섬기는(deacon) 자가 되고"라고 말하는 것을 들어야 한다. 그리고 마태복음 23장 11절에는 너희 중에 큰 자는 너

---

4 마 25:44; 행 11:29, 12:25; 롬 15:25, 31; 고후 8:4, 19-20, 9:1, 12-13, 11:8.
5 마 8:15; 막 1:31; 눅 4:39; 마 27:55; 막 15:41; 눅 8:3, 10:40; 요 12:2; 롬 16:1.
6 마 4:11; 막 1:13.
7 마 22:13; 눅 10:40; 17:8; 요 2:5, 9, 12:2.

희를 섬기는 자가 되어야 하리라고 말씀하셨다.

사실 예수님은 자신을 집사의 한 형태로 제시했다.[8] 성경은 그리스도인들을 그리스도 또는 그의 복음의 집사들(deacons)로 제시한다. 사도들은 집사들(deacons)로 묘사된다. 바울은 자신과 그와 함께 일했던 사람들을 집사들(deacons)로 지칭한다.[9] 바울은 또한 자신을 이방인들 사이에서 집사(deacon)로 지칭한다.[10] 바울은 디모데를 그리스도의 집사(deacon)라고 부르고,[11] 베드로는 구약성경 선지자들을 집사들(deacons)이라고 말한다.[12] 성경은 또한 천사들을 집사들(deacons)이라고 부른다. 사탄도 자신의 집사들(deacons)을 데리고 있다.[13]

우리는 항상 집사와 장로의 사역을 구별하기 위해 주의해야 한다. 어떤 의미에서 장로와 집사는 모두 '집사의 일을 하는 자(deaconing)'로서 표현되지만, 그 서비스는 매우 다른 두 가지 형태를 취한다. 둘 다 사도행전 6장에서 볼 수 있다. 6장 본문에서 사도들은 "식사에 수종"드는 의미로 자신들을 말하지 않는다. 왜냐하면, 2~4절은 '섬김'과 '사역'이라는 단어가 형태는 다르지만 같은 헬라어 뿌리에 근거하기 때문이다. 이것이 무엇을 의미하는지 알겠는가? 집사는 전통적인 "디코닝"(식사 때 식탁에 대기하는 것, 육체적 서비스)을 한다. 반면에 하나님의 사도들(그리고 나중에는 장로들)도 일종의 "디코닝"을 하지만 하나

---

8 마 20:28; 막 10:45; 눅 22:26-27; 요 13; 눅 12:37; 롬 15:8.
9 행 6:1-7, 20:24; 고전 3:5; 고후 3:3, 6-9, 4:1, 5:18, 6:3-4, 11:23; 엡 3:7; 골 1:23; 딤전 1:12; 딤후 4:11.
10 행 21:19; 롬 11:13.
11 딤전 4:6; 딤후 4:5.
12 벧전 1:12.
13 히 1:14; 고후 3:6-9, 11:15; 갈 2:17.

님의 말씀으로 섬기는 것을 의미한다.

다음 장에서 이 구절을 더 살펴보겠다. 그러나 사도행전 6장에서 묘사된 남자들은 적어도 행정적인 의미에서 마치 교회의 웨이터들과 매우 흡사하다. 그들은 교회의 육신적인 필요를 돌봐야 한다. 그리고 교회는 말씀의 수종 드는 것(디콘)과 테이블 수종(디콘)의 두 가지 유형의 섬김(deaconing)이 모두 필요하다. 말씀의 섬김과 테이블 수종은 각각 다른 것과 혼동되지 않고 둘 다 사용된다. 교회는 말씀을 전하는 설교나 구성원들에 대한 실질적인 보살핌을 소홀히 해서는 안 된다. 교회의 삶과 사역, 이 두 가지 측면은 모두 중요하다. 우리 교회에서 두 가지 섬김(deaconing)이 모두 일어나도록 하기 위해서는 집사의 사역과 장로의 사역을 구분해야 한다.

집사의 자격

사도행전 6장에 근거해 살펴보면 집사는 '성령과 지혜로 충만하여'(3절)라고 한다. 그들의 섬김은 육체적인 것에 관심이 있을지 모르지만, 그들의 일은 영적인 사역이다. 이러한 영적 지혜는 회중의 단결을 위해 봉사하는 방식으로 교회 자원을 감독하게 이끈다. 그들은 회중들에 의해 선택되고, 성도들의 신뢰를 받아야 한다. 그리고 그들은 사역의 특별한 필요에 대해 기꺼이 책임을 지고 부지런히 떠맡아야 한다.

디모데전서 3장 8~13절에서 바울은 집사가 어떤 모습인지 더 자세히 설명한다. 그들은 존경받을 만하고, 성실하고, 많은 포도주를 탐닉하지 않고, 부정직한 이득을 추구하지 않고, 분명한 양심으로 신앙의 깊은 진리를 지키고, 오직 한 아내의 남편이고, 시험에서 승인된 일꾼들이고, 자신의 자녀와 가정의 유능한 관리자들이어야 한다.

'한 아내의 남편'이라는 명령이 여성들이 집사의 직책을 맡는 것을 제한하는 것은 아니다. 로마서 16장 1절에서 뵈뵈 '집사'의 예에서 알 수 있다. 성경의 여러 곳에서 여성을 '집사'라는 단어로 표현했다. 그리고 침례교회의 오랜 역사에서 여성 집사가 있었다. 이러한 부분이 내가 섬기는 교회에서 여성 사역으로 여집사를 포용하도록 하였다. 그렇긴 하지만 디모데전서 2장은 여성들이 장로로 봉사하는 것을 금지한다. 이 때문에 교회가 (오늘날의 많은 미국 침례교회에서처럼) 장로와 집사의 역할을 혼란스럽게 여긴다면, 우리는 여성을 집사로 인식하는 것을 단념할 수밖에 없다. 또한 장로와 집사의 사역 구분을 분명히 할 때, 자매들이 집사로 인정받도록 자유롭게 격려할 수 있다.

역사적 배경

학자들은 초대교회 오순절 사건 이후 처음 수십 년 동안 교회의 구조가 얼마나 유동적이었는지에 대해 의견이 분분하다. 그러나 초기 교회에는 다수의 장로와 집사가 있었다. 바울이 빌립보의 교회를 어떻게 맞이하는지 생각해 보라. "빌립보에 사는 모든 성도와 또한 감독들과 집사들에게 편지하노니"(빌 1:1).

신약성경 시대 직후, 이렇게 별도로 장로와 집사 직책은 계속되었다. 장로의 역할은 주교와 사제 사이에서 구별되기 시작했지만, 주교와 사제 이후 초기 문서에는 집사가 계속 나온다. 보통 집사는 주교나 감독관을 돕는 임무를 맡았다. 초기 교회에서는 일반적으로 직책은 평생에 주어진 것으로 보인다. 그러나 직책의 기능은 장소마다 달랐다.

집사의 임무는 다음의 내용과 같다.

- 교회에서 성경을 읽거나 노래한다.
- 헌금을 받고 누가 냈는지 기록을 보관한다.
- 주교, 장로, 집사, 미혼 여성과 미망인, 그리고 가난한 사람들에게 헌금(물)을 분배한다.
- 주의 만찬에서 분배에 참여한다.
- 모임에서 대표 기도를 하고, 주의 만찬을 하지 않는 사람들에게 신호를 보낸다.

이것은 2세기에서 6세기까지 집사의 의무를 요약한 것이다.

군주제 주교제도(the monarchical episcopate)가 발전함에 따라 그 밑에는 일종의 군주제 집사제도(monarchical diaconate)도 발달했다. 또한, 주교의 역할이 확대됨에 따라 대집사(archdeacon)의 역할도 발전했다. 대집사는 특정 지역의 수석집사였으며 물질을 다루는 대리인이라고도 할 수 있다. 당연히 로마 대집사는 특별히 매우 중요해졌다. 결국, 집사의 사무실에 직권 남용이 일어나기 시작했고, 대집사들은 상당히 부유해지게 되었다. 다른 사람들을 섬기기 위해 세워진 사람들이 자신들의 욕망을 위해 다른 사람들을 이용했다니 이 얼마나 아이러니한 일인가! 여러 가지 이유로 중세에는 집사의 영향력이 줄어들었고 가난한 사람들을 돌보는 것은 연옥에서의 시간을 줄이기 위해 기부자들이 하나님께 신용을 얻는 수단이 되었다.

동방정교회는 별도로 자격을 두어 집사를 구분해 왔다.

그러나 서구에서는 중세 후기에 이르러 집사가 되는 것이 사제 서품을 받는 길의 첫걸음이 되었다. 로마 가톨릭 교회와 성공회 교회의 집사는 여전히 다음 과정으로 나아가기 위한 과정에 불과했다. 즉, 본격적인 성직자가 되기 전, 1년 동안 훈련생 사역자들이 집사로 일하는 것이다. 그러나, 제2차 바티칸 공의회는 로마 가톨릭 교회에서의 차별화되고, 영구적이며, 보다 성서적인 집사직에 대한 가능성을 다시 열어 놓았다.

비록 루터가 신약성서의 집사개념을 회복하지는 못했지만, 교회와 특히 교회의 가난한 사람들의 육적인 필요를 돌보아야 할 교회의 책임은 회복했다. 오늘날 루터 교회에서도 다양한 방법으로 이를 실천하고 있다. 어떤 곳에서는 집사가 안수를 받지 않지만, 어떤 곳에서는 안수를 받은 보조 사역자(ordained assistant minister), 특히 목회적 돌봄과 전도를 책임지는 사람들을 집사라고 부른다.

종교 개혁 기간에 복음주의적인 개신교 교회 중 많은 곳에서 집사와 장로 또는 목사를 구별하는 성경적 관행이 생겼다. 케임브리지의 마틴 부서(Martin Bucer)와 같은 일부 개신교 신자들은 집사의 의무를 다시 확립해야 한다고 촉구했다. 이들은 도움을 줄 때는 자격이 있는 가난한 사람들과 자격이 없는 가난한 사람들을 구별하기 위해 노력해야 한다고 말했다. 집사들은 다른 일을 하는 대신에 진정한 필요가 있는 사람을 개별적으로 조사하고 그들의 필요를 조용히 돌봐야 했다. 또한, 교회 성도들이 헌금한 재정을 할 수 있는 한 서면 기록하여 보관해야 했다.

장로교회에서는 집사가 빈민가와 병자를 돌보고 관리한다(최근에는 이러한 기능들을 주로 국가가 수행하는 것이라 말할 수도 있다). 집사는 장로들과는 별개로 사역하며 집사로서의 책임을 진다.

많은 침례교와 회중 교회도 한때 장로와 집사의 두 역할을 구별했고, 점점 더 많은 교회가 이 성경적 비전을 회복하고 있다. 그러나 다른 교회에서는 장로들의 일이 집사들에게 할당된다. 그들은 목사를 다양한 방법으로 돕는다. 특히 주의 만찬에서 분배를 하는 등 다양한 방법으로 목사를 보좌하며 교회를 위한 집행위원회, 재정위원회로 역할이 진화했다. 특히 장로들이 없는 교회에서는 더욱 그렇다. 집사는 종종 제한된 일정 기간에 적극적으로 봉사하지만 "집사"로서의 인식은 대개 영구적인 것으로 간주한다.

이것이 몇몇 교회들이 수행하는 방법이다. 성경에는 우리의 관행을 개혁할 수 있는 지침이 있는가?

2장
집사는 무엇을 하는가?

우리가 살펴보았듯이 집사의 일이 신약성경에 여러 번 등장한다. 집사의 일에 대한 가장 명확한 그림은 아마도 사도행전 6장에 나온 것일 것이다.

"그때 제자가 더 많아졌는데 헬라파 유대인들이 자기의 과부들이 매일의 구제에 빠지므로 히브리파 사람을 원망하니 열두 사도가 모든 제자를 불러 이르되 우리가 하나님의 말씀을 제쳐 놓고 접대를 일삼는 것이 마땅하지 아니하니 형제들아 너희 가운데서 성령과 지혜가 충만하여 칭찬받는 사람 일곱을 택하라 우리가 이 일을 그들에게 맡기고 우리는 오로지 기도하는 일과 말씀 사역에 힘쓰리라 하니 온 무리가 이 말을 기뻐하여 믿음과 성령이 충만한 사람 스데반과 또 빌립과 브로고로와 니가노르와 디몬과 바메나와 유대교에 입교했던 안디옥 사람 니골라를 택하여 사도들 앞에 세우니 사도들이 기도하고 그들에게 안수하니라 하나님의 말씀이 점점 왕성하여 예루살렘에 있는 제자의 수가 더 심히 많아지고 허다한 제사장의 무리도 이 도에 복종하니라" (1~7절)

집사라는 명칭이 부여된 것은 아니지만, 집사라는 단어는 이 일곱 명의 개인들이 무엇을 할 것인지를 설명하는 동사로 사용된다(3절에서 "손잡이"로 번역된다). 6장 본문에 임명된 일곱 명의 사람들이 공식적인 집사가 아니더라도, 우리는 이 구절을 통해 집사 사역의 세 가지 측면을 엿볼 수 있다.[14]

교회의 육신적 필요에 대한 돌봄

첫째, 집사들은 교회의 육신적 요구를 돌본다. 과부 중 일부는 매일의 음식 배급에 있어서 소외되고 있었다. 나는 이미 집사라는 단어가 사역자나 종을 의미한다고 말했는데, 특히 당시 테이블 웨이터나 다른 서비스, 보통 물리적 또는 재정적인 서비스를 하는 용도로 사용되었다. 사도들은 이 서비스를 "재정적인 문제를 다루는 것"(HCSB) 또는 "테이블에서 기다리는 것"(ESV)-문자 그대로 "디코닝 테이블"이라고 특징지었다.

사도행전 6장의 집사들은 아마도 모든 집사 일을 직접 하지 않았을 것이다. 이 소수의 집사는 소외된 미망인들이 보살핌을 받도록 아마도 교회 다른 구성원들의 일을 쉽게 조직했을 것이다. 결국, 예루살렘 교회는 수천 명의 성도로 성장하게 되었다.

사람들을 돌보는 것, 특히 우리 교회의 다른 구성원들을 돌보는 것은 세 가지 이유로 중요하다. 1) 성도들의 육체적인 복지를 위해 봉사

---

14 Thanks to Pastor Buddy Gray who helped me to see these descriptions. 이런 묘사를 볼 수 있도록 도와준 버디 그레이 목사 덕분에 감사합니다.

하고, 2) 성도들의 영적 복지를 위해 봉사하고, 3) 바깥세상의 증인 역할을 한다. 예수님의 말씀을 기억하라. "너희가 서로 사랑하면 이로써 모든 사람이 너희가 내 제자인 줄 알리라"(요 13:36).

6장에서 제시된 육체적인 보살핌은 그리스도와 같은 사랑을 보여 준다.

지체의 통일을 위해 일함

도움이 필요한 사람들을 위한 첫 번째 목적 이면에는 사도행전 6장에서 살펴보듯이 더 큰 목적이 있다. 집사는 교회 몸의 연합을 위해 사역한다.

이 일곱 명의 집사가 무엇을 해야 하는지 다시 한 번 생각해 보자. 그들은 미망인들 사이의 식량 분배를 더 공평하게 해야 했다. 하지만 이 일이 왜 그렇게 중요한 걸까? 이러한 육체적 방임은 영적인 불화를 일으키고 있었기 때문이다. 이 구절은 교회의 한 그룹에 대해 다른 그룹이 불평하는 보고서로 시작된다. 이 문제는 사도들의 관심을 사로잡았다. 그들은 단지 교회에서 자비로운 사역 문제를 해결하는 것만이 아니었다. 교회의 단결이 파괴되는 것, 특히 전통적인 인종적 분열이 관례를 따라 진행되는 것을 막고자 했다. 집사들은 교회에서 불화를 막기 위해 임명되었다.

이것이 하나님의 영이 교회에 주는 모든 은사, 즉 서로를 세우고 격려하는 것이 목표라는 말이다(롬 1:11-12). 바울은 고린도인들에게 그들의 은사는 "공익을 위해" 행사되어야 한다고 말한다(고전 12:4-7, 12 ESV). 그는 다시 그들에게 "그러므로 너희도 영적인 것을 사모하는 자인즉 교회의 덕을 세우기 위하여 그것이 풍성하기를 구하라"(고전 14:12)고 권한다. 이어서 그는 "모든 것은 힘을 더하기 위해 이루어져야 한다"(14:26, 저자의 번역)라고 덧붙인다. 존 칼빈(John Calvin)은 14장 말씀을 주해하면서 다음과 같은 말을 했다. "사람을 세우는 일에 헌신하는 것이 불안할수록 바울은 하나님을 더 높이길 바란다." 그러므로 베드로는 "각각 은사를 받은 대로 하나님의 여러 가지 은혜를 맡은 선한 청지기같이 서로 봉사하라"(벧전 4:10)고 명령한다. 마찬가지로 사도행전 6장의 집사의 사역은 하나 됨을 위해 일함으로써 한 몸을 세우는 것이다.

우리가 교회에서 적용할 점이 한 가지 있다. 교회에 불만을 품은 집사를 봉사하는 사람들로 원하지 않는다. 집사들은 큰 소리로 불평하거나 그들의 행동이나 태도로 교회를 괴롭히는 사람들이 되어서는 절대 안 된다. 정반대여야 한다! 집사는 소음흡수기나 충격흡수가 되어야 한다.

또 다른 적용이 있다. 여러분은 작은 마당처럼 좁은 마음을 가진 사람이나 자신의 영역에서 원망하는 사람들을 집사의 역할을 하도록 원하지 않을 것이다. 소리 없이 교회 전체를 신경 쓰고 돌보는 사람들을 원할 것이다. 단지 그들의 사역 영역과 지역에서 자신들의 특권을 주장하는 사람이 되어서는 안 된다. 그렇다. 그들은 자신이 속한 지역의 필요를 다루면서도 전체를 대신해서, 그리고 전체의 건강에 이바지하는 방식으로 일해야 한다. 그들은 다른 사람들에게 어떤 비용이 부과될지 무관심한 로비스트처럼 그들의 대의명분을 옹호하지 않는다. 그들은 그들과 함께 일하는 사람들이 그 일을 전체로 통합하고 세워가는 데에 이바지할 수 있도록 돕는다.

집사들은 친절과 애정 어린 봉사의 끈으로 교회를 하나 되게 묶도록 돕는다. 집사들은 교회를 세우는 자들이다.

말씀 사역을 지원함

셋째, 사도행전 6장에서 임명된 일곱 명의 개인은 말씀의 사역을 지원하기 위해 노력했다. 사도들은 육신적인 필요를 돌보는 것이 교회 전체의 책임이라는 것을 인정했고, 그러므로 어떤 의미에서 그들의 책임도 마찬가지다. 그러나 사도들은 이 책임을 교회 내의 다른 그룹에 맡겨서 자신들은 말씀과 기도 사역에 집중할 수 있게 했다.

일곱 집사는 가르치는 자들이 수행할 수 없는 책임을 도우며 교회 전체를 섬기는 종이었다. 그렇게 함으로써 그들의 사역으로 말씀을 가르치는 자들을 지지하고 격려했다.

또 다른 적용이 있다. 설교와 가르침의 중요성을 인식하지 못하는 집사를 지명하고 싶지 않고, 이러한 사역을 보호하고자 하는 사람들을 지명하고 싶다. 더 넓게 보면 교회에서 가장 힘이 되는 사람들이 집사 역할을 하기를 바라는 것이다. 그러므로 누가 집사 역할을 할 수 있을지 고민할 때는 격려의 은사를 받은 사람을 찾아라.

워싱턴 D.C.에 있는 우리 교회에서는 집사를 심의 기관이 아니라 교회에서 특별히 필요한 부서를 조정하는 사람들로 인정한다. 신약성경은 어느 곳에서도 두 개의 심의 기관을 규정하지 않는다. 그것을 갖는 것은 많은 실질적인 어려움이 있다. 대신 우리는 새 가족 환영의 사역을 감독하는 집사, 웹사이트를 통해 우리 사역을 조정하는 집사, 음향 시스템을 다루는 집사, 주차관리를 하는 집사 등이 있다. 또한, 집사의 위치에 있는 22개 다른 집사들이 있다. 우리는 필요 없는 직책을 정기적으로 조정하여 정리한다. 육아와 음향 사역같이 급증하는 직책은 두세 자리로 나누었다. 교회에서 새로운 필요나 요구가 있을 때, 우리는 그 필요를 충족시키기 위해 새로운 집사 자리를 만든다. 부록을 참조하여 내가 섬기는 교회에서 사용된 몇 가지 집사 직무 설명의 표본을 참고하라.

또한, 집사들이 교회 인적 자원의 주요 활용자 중 일부가 되기를 바란다. 그들의 목표 중 하나는 교회 전체를 이끌어 가는 데 다른 사람들을 조정하여 일할 수 있도록 교회 전체를 아는 것이다. 그들이 교회를 위해 수행하는 이 섬김에는 대가가 많이 따른다. 그들이 집사로 봉사하는 동안 교회에서는 집사의 자리를 주요 사역으로 인정해야 한다. 그런 주의 일꾼들이 일할 때 다른 형제, 자매들에게도 봉사의 마음을 키우므로 교회에 얼마나 축복인가! 집사들의 창의적인 활동과 섬김을 통해 그들이 직분을 가지고 섬기는 것보다 훨씬 더 오랫동안 우리 교회를 축복할 것이다.

요약하자면, 신약성경은 우리가 사도행전 6장에서 언급한 집사 사역의 세 가지 측면을 하나로 정리할 수 있다. 즉, 육신의 필요를 돌보는 것이 말씀의 사역 아래로 교회를 통합하는 것이다. 그들은 격려자, 평화를 만드는 사람, 그리고 일꾼이 되어야 한다. 우리 교회에서는 장로들이 어떤 사역의 필요가 있으면 이런 미덕에 표본이 되는 사람을 찾아 남자나 여자를 지명하고 그런 다음 성도들은 이러한 지명을 확인하기 위해 투표한다. 디트리히 본회퍼(Dietrich Bonhoeffer)가 말했듯이 "교회는 뛰어난 사람이 아니라 예수의 충성스러운 종들과 형제들이 필요하다."[15]

---

15 Bonhoeffer, *Life Together: The Classic Exploration of Christian in Community* (New York: Harper & Row, 1954), 109.

3장
장로는 누구인가?

집사들이 중요한 만큼 교회에서 기독교인들로 함께하는 데 우리의 삶에 영향을 끼치는 더 근본적인 그룹이 있다. 즉, 장로들이다. 신약성경에서는 장로, 감독, 목사를 지칭하는 말을 서로 바꿔서 사용하기 때문에, 나도 그것들을 상호 교환적으로 사용할 것이다(행 20:17, 28; 벧전 5:1-2; 엡 4:11).

장로의 복수성

지역 교회의 목회자나 장로들에 대해 가장 먼저 주목해야 할 것은 복수형이라는 것이다. 신약성경은 결코 신도들을 위한 특정 수의 장로들을 언급하지 않지만, 정기적으로 복수형으로 "장로들"을 가리킨다.

- "각 교회에서 장로들을 택하여 금식 기도하며 그들이 믿는 주께 그들을 위탁하고"(행 14:23, 11:30, 15:2, 4, 6, 22-23)
- "여러 성으로 다녀갈 때 예루살렘에 있는 사도와 장로들이 작정한 규례를 그들에게 주어 지키게 하니"(행 16:4)

- "바울이 밀레도에서 사람을 에베소로 보내어 교회 장로들을 청하니"(행 20:17)
- "그 이튿날 바울이 우리와 함께 야고보에게로 들어가니 장로들도 다 있더라"(행 21:18)
- "네 속에 있는 은사 곧 장로의 회에서 안수받을 때 예언을 통하여 받은 것을 가볍게 여기지 말며"(딤전 4:14, 5:17)
- "내가 너를 그레데에 남겨 둔 이유는 남은 일을 정리하고 내가 명한 대로 각 성에 장로들을 세우게 하려 함이니"(딛 1:5)
- "너희 중에 병든 자가 있느냐 그는 교회의 장로들을 청할 것이요 그들은 주의 이름으로 기름을 바르며 그를 위하여 기도할지니라"(약 5:14)
- "너희 중 장로들에게 권하노니"(벧전 5:1)

패턴이 거의 균일하고 증거는 압도적이다. 사실, 장로에 대한 유일한 단 하나의 언급은 요한 2, 3서에서 나온다. 여기서 저자는 단순히 자신을 "장로"라고 부르고, 디모데전서 5장에서는 바울이 "장로"와 관련된 비난에 대한 기준을 제시한다. 본질에서, 신약성경은 단순히 한 명의 장로가 아니라 장로들의 그룹이 이끄는 교회를 한결같이 제시한다.

장로의 자격

누가 장로가 되어야 하고 자격은 무엇인가? 바울은 우리에게 디모데전서 2, 3장과 디도서 1장에서 말한다.

바울은 디모데전서 2장 12절에서 "여자가 가르치는 것과 남자를 주관하는 것을 허락하지 아니하노니 오직 조용할지니라"라고 가르친다. 바울이 여기서 정확히 어떤 권위를 염두에 두었든 간에, 그는 여자가 교회에서 남자를 가르치는 것을 원하지 않았다. 즉, 초기 교회는 교회의 실천에서 아내에 대한 남편의 권위의 창조 질서를 반영했다.

그런데 그리스도 안에는 남성도 여성도 없다는 것을 놀랍게 관찰한 갈라디아 3장 28절은 어떨까? 여기서 중요한 것은 남녀의 동등한 가치를 확인하고 구원받은 자로서 은혜만으로 하나님의 보좌 앞에 서는 것이다. 이는 출산에서 남녀의 뚜렷한 역할을 없애는 것 이상이다. 성별의 모든 구별을 없애기 위한 것이 아니다.

바울은 디모데전서 3장에서 더 온전한 자격 목록을 말한다(딛 1:5-9를 보라).

> "미쁘다 이 말이여 곧 사람이 감독의 직분을 얻으려 함은 선한 일을 사모하는 것이라 함이로다 그러므로 감독은 책망할 것이 없으며 한 아내의 남편이 되며 절제하며 신중하며 단정하며 나그네를 대접하며 가르치기를 잘하며 술을 즐기지 아니하며 구타하지 아니하며 오직 관용하며 다투지 아니하며 돈을 사랑하지 아니하며 자기 집을 잘 다스려 자녀들로 모

든 공손함으로 복종하게 하는 자라야 할지며 (사람이 자기 집을 다스릴 줄 알지 못하면 어찌 하나님의 교회를 돌보리요) 새로 입교한 자도 말지니 교만하여져서 마귀를 정죄하는 그 정죄에 빠질까 함이요 또한 외인에게 서도 선한 증거를 얻은 자라야 할지니 비방과 마귀의 올무에 빠질까 염려하라"(딤전 3:1-7)

이 목록을 숙고한 후 신약 성경학자 D. A. 칼슨(D. A. Carson)은 장로의 특성이 얼마나 눈에 띄지 않느냐고 말했다. 바울은 수천 명에게 설교하고, 수백만 명을 복음화하며, 불타는 건물에서 고아들을 구할 수 있는 특별한 사람을 요구하지 않는다. 오히려 그는 모든 기독교인에게 부여된 특징을 나열한다. "가르칠 수 있는 능력"과 "최근 개종자가 아닌"을 제외하면 말이다. 장로는 다른 기독교인들에게 모범적인 삶으로 모델이 되어야 했기 때문이다. 장로의 삶의 패턴이 결코 도달할 수 없는 것이 아니라 온전히 따라갈 수 있는 것이 되기를 바랄 것이다.

또한, 장로는 외부인에게도 본이 되고 주변 문화에서도 덕으로 인정되는 미덕이 있어야 한다. 결국, 우리가 장로에게 보고 싶은 미덕들은 정기적인 성경책 읽기나 기도와 같은 것이다. 하지만 바울은 이 두 가지를 언급하지 않았다. 이것은 우리가 이 목록을 철저하게 간과해서는 안 된다는 것을 말해주지만, 바울은 심지어 이교도들도 좋은 것을 인식할 수 있다고 강조했다. 에베소 교회에서 하나님이 교회를 통해 영광 받으실 수 있는 모든 방법을 위태롭게 한 몇몇 거짓 교사들의 명백한 불경함과 대조된다.

교회에서 그런 지도자들을 어떻게 찾을 수 있을까? 우리는 기도로 하나님의 지혜를 구하며 찾아야 한다. 하나님의 말씀을 공부하고, 특히 디모데전서와 디도서의 구절들을 연구한다. 그리고 그리스도가 그들에게 주시는 지혜와 은사들을 확인해야 한다. 우리는 그리스도가 그들에게 주시는 능력이나 기술보다 그들의 인격을 더 알아보는 것에 중점을 두어야 한다.

우리는 또한 세상에서도 입증된 지도자이기 때문에 교회를 이끌기에도 적합하다고 가정해서는 안 된다. 너무 많은 교회가 사업이나 전문분야에서 성공한 사람들을 임명하는 함정에 빠진다. 오스 기니스(Os Guinness)가 한 일본 사업가에게서 들은 말은 얼마나 슬픈가? "불교 지도자를 만날 때마다 거룩한 사람을 만난다. 기독교 지도자를 만날 때마다 나는 매니저를 만난다."[16]

교회는 인격, 좋은 평, 말씀을 다루는 능력, 열매를 맺는 사람을 찾아야 한다. 이러한 자질들이 우리 교회의 지도자들임을 표시해야 한다. 지도자들은 자신이 아니라 다른 사람들을 위해 산다. 지도자들은 돈을 사랑하는 사람이 아니다. 자신이 아닌 다른 사람을 사랑하는 사람이다.

역사적 개요

모든 교회에는 다른 이름으로 부르더라도 장로의 기능을 수행하는 개인이 있었다. 신약성경에서 이 직분의 가장 흔한 이름 두 가지는

---

[16] Os Guinness, *Dining with the Devil* (Grand Rapids, MI: Baker, 1983), 49.

에피스코포스(감독)와 프레스부테로스(장로)였다.

오늘날 복음주의자들은 '장로'라는 단어를 들으면 '장로교'라고 생각하는 경우가 많다. 장로교인과 장로를 연관하는 것은 역사적으로 정확하지만, 장로교인과만 연관하는 것은 사실 정확한 것은 아니다. 16세기 최초의 회중 교회주의자들은 장로가 신약성경에 있는 교회의 직분이라고 가르쳤다. 그리고 장로들은 18세기 내내 미국의 침례교회에서 발견되었다.[17] 예를 들어, 남침례교단의 초대 총회장인 W. B. 존슨(W. B. Johnson)은 교회 생활에 관한 책을 썼는데, 이 책은 그가 한 지역 교회에서 다수의 장로가 있는 형태에 대해 강하게 옹호했다.

성경에 대한 부주의를 통해서든, 삶의 압력을 통해서든(교회가 놀라운 속도로 생겨난 곳) 간에 침례교회에서 장로의 리더십을 세우는 관행은 점점 쇠퇴되었다. 그러나 침례교 신문들은 계속해서 이 성경의 직분을 되살려야 한다고 주장했다. 20세기 초까지 침례교 출판물은 "장로"라는 제목으로 지도자들을 언급했다.

20세기에 침례교회들 사이에서는 이례적인 일이었지만, 이제는 다시 장로 호칭을 옹호하는 침례교회로 돌아가는 추세가 증가하고 있다. 장로는 신약성경 교회에서 필요했다. 장로는 여전히 지금도 필요하다.

---

17 A. T. Robertson, *Life and Letters of John Albert Broadus* (Philadelphia: American Baptist Publication Society, 1902), 34; O. L. Hailey, *The Preaching of J. R. Graves* (1929), 40.

4장
장로는 무엇을 하는가?

우리는 장로가 누구인지 살펴보았다. 그렇다면 장로는 무엇을 하는가?

장로들은 기도함

교회의 장로들은 교회의 구성원들을 위해 기도해야 한다(약 5:14; 행 6:4). 하나님은 장로들에게 성도들에 대한 책임을 주심으로, 그들은 개별적으로, 연합으로, 그리고 회중 앞에서 성도들을 위해 기도해야 한다. 개인적으로 나는 내가 섬기는 지역 교회의 회원들을 사랑한다. 매일 아침 나는 교회 회원 명부의 두 페이지를 펼쳐 이름을 부르며 기도한다.

우리 교회에서는 3시간 동안 열리는 장로들의 모임에서 약 1시간 정도 교인들을 위해 기도한다. 우리는 교인 명부에서 성도들의 이름을 하나하나 부르면서 기도한다. 특히 문제와 어려움이 있는 양들을 위해 더욱 기도한다. 우리 교회의 모임에서 장로들은 찬양의 기도를 통해 하나님이 어떤 분이신지 경배한다.

그들은 장로들이 특히 하나님의 사역을 행하는 큰 위치에 있으므로 기도를 통해 하나님의 신실하심을 알아차리는 하나의 형식을 정해 시행하였다. 장로들은 기도에 대한 답을 지켜봐야 하고 성도들에게 알려야 한다.

그들은 또한 고백의 공동기도라는 정해진 형식을 지켰다. 그들은 교회가 죄를 고백함으로써 하나님의 거룩함을 회복하도록 도왔다. 사적인 것과 공적인 것에서 신앙적으로 행했는지 알아보기 위해 스스로 자신을 살폈다(고후 13:5). 그들은 마음을 살펴 성도들이 하나님의 자비와 은혜를 더 잘 이해하도록 했다. 성도들이 하나님께 죄를 고백하는 데 있어서 회중들을 이끌면서 다른 사람들도 이러한 영적 행위에 참여하도록 격려하는 것이다.

중보기도는 아마도 장로의 가장 기본적인 사역일 것이다. 하나님을 위해 인간과 대화하기 위해서는 장로들이 인간을 위해 하나님에게 말을 걸어야 한다. 그들에게 하나님의 성령의 생명을 주는 일이 없다면 모든 행동이 무의미함을 알아야 한다. 장로들은 반드시 기도해야 한다.

장로들은 설교하고 가르침

또 다른 기본 활동은 하나님의 말씀을 성도들에게 설교하고 가르치는 것이다.[18] 장로들의 자격은 그들이 하는 일의 많은 부분이 가르

---

18 딤전 5:17; 딛 1:8-9; 행 6:2, 4.

치는 것이기 때문에 가르칠 수 있어야 한다는 것이다(딤전 3:2). 장로들은 교회에서 모임을 주도하고 가르친다. 그들은 발표하거나 성경을 읽는 방식으로 가르친다. 그들은 공공장소에서 대표로 기도하는 방법을 가르친다. 확실히 그들은 어린이든 성인이든 교회학교 수업을 이끌 때 가르친다.

장로들은 설교를 통해 하나님의 말씀을 가르친다. 이 일을 전임 사역으로 하기 위해 남겨진 장로들은 지역 교회에 대한 멋진 선물이다. 그러나 장로는 기본적인 사역인 가르침을 위해 꼭 전임으로 따로 두거나 주요 설교 목사가 될 필요가 없다. 장로들은 일대일 대화와 글을 통하여 가르칠 수 있다. 또한, 소그룹 성경 공부와 전도에서 가르치기도 한다.

이것이 장로들이 하나님의 말씀을 아는 데 헌신하는 사람이어야 하는 이유다. 시편 1, 19, 119편은 장로들이 개별적으로 또는 함께 공부하기에 좋은 시편이다. 또한, 장로들은 성경과 생활에서 중요한 주제를 이해함으로써 성도들이 보호받고 준비되어 잘 갖추어질 수 있도록 특별히 노력해야 한다.

장로들이 가르칠 때, 복음이 외부에서 귀와 가슴으로 와닿고 임하여 성도들을 구하시기를 간구한다. 장로들이 성도들의 귀에 하나님의 진리를 말할 때, 하나님의 영이 나머지 길을 책임지시며 성도의 가슴에 성령의 불을 붙이시기를 기도한다. 이렇게 장로들은 하나님의 말씀을 가르치고 설교한다.

장로들은 목양함

장로들이 하는 일에 대한 가장 포괄적인 단어는 "목자"(행 20:28; 벧전 5:2)이다. 신약성경의 헬라어에는 영어와 마찬가지로 목자라는 단어에는 명사 형태와 동사 형태가 모두 있다. 목자(명사)는 목양(동사)하는 사람이다. 목양은 성경을 알고, 먹이고, 인도하고, 보호하는 것과 같은 활동을 말한다.[19] 어떤 면에서 모든 기독교인이 목양에 참여한다(롬 15:14 참조). 그러나 어떤 사람들은 특별히 목자로 지목되어 성도들을 목양하는 일을 위해 따로 구별되기도 한다. 이들은 바로 성도들의 장로이다.

목자는 자기 것을 돌보는 것이 아니라 자신에게 맡겨진 사람들을 돌보는 것이다(눅 12:35-48). 누군가 교회에 올 때 이것이 무엇을 의미하는지 생각해 보라. 여러분이 장로라면 교회로 오는 사람이 하나님에게 속해있다는 것을 알 것이다. 하지만 그 사람은 성도와 장로의 특별한 책임이다. 히브리서 13장 17절은 그런 개인들에 대해 우리가 모두 하나님에게 청산할 것이라고 말한다.

따라서 장로들은 이 회원들과 함께 기뻐하고, 함께 울고 웃으며, 길을 인도한다. 장로들은 누군가가 직장을 잃었을 때, 또는 누군가가 관계에 좌절했을 때 그들을 돌보고 배려하는 사람들을 구성하여 조직한다. 장로들은 구성원이 하나님이나 말씀을 오해하고 불만을 품고 갈등하는 개인들을 돌보는 데 자신을 바친다.

---

19 Timothy Z. Witmer, *The Shepherd Leader: Achieving Effective Shepherding in Your Church* (Phillipsburg, NJ: P&R: 2010); Phil Newton and Matt Schmucker, *Elders in the Life of the Church* (Wheaton, IL: Crossway, 2014).

목자는 육아와 마찬가지로 인내심이 필요하다. 이런 종류의 일은 단 한 번의 설교나 하루 만에 행해지는 것이 아니다. 물론 때때로 하나님은 한 번의 설교나 결정적인 대화에서 돌파구를 마련하기도 한다. 그러나 보통 장로의 일은 풀을 뜯기 위해 신선한 들판으로 무리를 인도하는 목자의 일상처럼 반복적이고 날마다 수고하는 일이다. 장로의 일은 매일 식사하거나 아이들을 학교에 데려가는 것과 같다.

성도들의 인격을 형성하기 위해서 장로들은 인내함으로 사랑과 봉사를 수없이 베푼다. 주일학교 수업을 가르치기도 한다. 기도를 이끈다. 이러한 일을 반복적으로 지속적이고 계속 되풀이한다.

목양은 또한 주도권이 필요하다. 장로는 수동적일 수 없다. 사람들이 대답할 질문이나 해결해야 할 문제를 가지고 찾아오기를 그저 기다릴 수만은 없다. "오늘 설교는 어떠셨나요?" "함께 점심 드실까요?" "성경이 성령의 일에 대해 무엇을 가르치는지 아세요?" "이 책을 읽어 보셨나요?" "성경 공부에 함께 참여하실래요?" "이게 어떤 건지 함께 살펴보고 도와주실 수 있나요?" "아버지, 부인, 비기독교 동료는 어떻게 지내세요?" 장로는 많은 다양한 방법과 계획을 사용하여 성도에게 주도적으로 다가갈 필요가 있다. 하나님께서 성도의 삶과 인격을 빚어 가시도록 끊임없이 격려하고, 위로하고, 교정하여 성도들을 헌신하는 양이 되도록 인도해야 한다.

장로들은 자신과 가족을 돌봄

최고의 장로들조차도 때때로 무시할 수 없는 한 가지 의무는 자신의 영혼을 돌보는 것이다. 바울은 에베소 장로들에게 "자신에게 주의를 기울이라"(행 20:28 ESV)라고 지시한다.

장로들이 하나님의 말씀과 기도로 매일 시간을 보내는 것이야말로 진정으로 자신을 위한 것이다. 그것은 또한 하나님이 장로들이 섬기는 지역 교회의 삶에서 장로들에게 주신 역할의 일부이기도 하다. 마치 비행기에 탑승한 승무원이 비상시에 자신의 얼굴에 산소마스크를 먼저 씌우라는 지시를 받는 것과 같다. 그런 뒤에 함께 여행하는 사람들을 돕는 것이다. 그러므로 먼저 본인이 숨을 잘 쉬고 있는지 확인해야 한다! 그리고 다른 사람들이 숨을 잘 쉬도록 도와야 한다.

나는 가끔 내가 목사가 될 만큼 훌륭한 기독교인이라 확신한다고 농담하곤 한다. 성도들을 위해 기도하는 가운데 사랑으로 가르치고 준비하며 책임을 지는 규칙적인 리듬으로 사는 삶이 모두 내게 도움이 된다고 확신하기 때문이다. 나는 멍에를 메는 것을 좋아한다. 스스로 멍에를 메는 삶은 내가 다른 사람들에게 유용할 뿐만 아니라 나 자신에게도 도움이 된다. 또한, 내가 계속해서 다른 사람들을 섬기는 데 도움이 된다.

자신의 역할 때문에, 가족이 교회에 헌금해야 하는 것이 있다는 것을 이해해야 한다. 나는 내 가족에 대한 독특한 책임이 있다는 것을 알고 있다. 교회 성도들은 다른 목사와 다른 장로들을 얻을 수 있지만, 내 가족은 다른 아버지나 다른 남편을 얻을 수 없다. 물론 나는 가족에게 책임을 다하는 데 여러 번 실패했지만, 결코 내 역할을 부인한 적은 없었다. 나는 항상 아내나 가족이 우리 교회를 위해 희생하는 것이 교회를 이끌기 위한 희생이라는 것을 알고, 가족을 위해 열심히 노력한다. 특히 가정에서 나의 사랑하는 가족을 위한 신뢰를 쌓기 위해 노력한다.

장로들은 감독함

장로들은 먼저 자신을 돌본 후에 성도들을 감독함으로써 다른 사람들을 돌볼 수 있다. 바울이 에베소 장로들에게 한 말은 유익하다.

> "성령이 그들 가운데 여러분을 감독자로 삼고 하나님이 자기 피로 사신 교회를 보살피게 하셨느니라"(행 20:29).

장로들은 다양한 방법으로 감독을 한다. 성도들이 지원하는 복음 사업에 관해 관심을 가질 수 있다. 직접 선교사들을 만나고, 종종 선교사들이 살고, 일하는 사역지로 가서 사역에 동참할 수도 있다. 장로들은 그들의 집이나 직장에서 성도들을 만나면서 감독을 한다. 성도들의 삶을 살펴 말씀대로 살도록 돌본다. 결국, 장로들은 구성원들의 이익을 위해 일할 수 있는 권한을 하나님으로부터 부여받았다.

장로들은 회원 자격을 위해 개인을 점검한 다음 회중들에게 이들을 추천함으로써 전체를 지도 및 안내한다. 때로는 개인이 더 이해하도록 질문을 해결하거나, 삶의 일부를 정리하도록 돕기 위해 교회에 회원으로 가입하려는 누군가의 신청을 늦추기도 한다. 장로들은 성도들이 그리스도를 사랑하는 것보다 자신의 죄를 더 사랑한다고 결정한 사람을 회원 자격에서 제외하도록 지도한다.

장로들은 교회 성도들의 삶의 어려운 상황에 대해 목회적인 상담을 하고 함께 기도한다. 하나님께서는 장로나 집사로 키우시고자 하는 사람을 끊임없이 찾는다. 아프거나 몸부림치는 양을 초대한다. 병에 걸리거나, 죄와 싸우는 것에 대해 듣거나, 복음을 해외로 전하고 싶은 신자의 소망에 대해 조언한다. 이런 모든 면에서, 장로들은 베드로의 권유를 실천하려고 노력한다.

"너희 중에 있는 하나님의 양 무리를 치되 억지로 하지 말고 하나님의 뜻을 따라 자원함으로 하며 더러운 이득을 위하여서 하지 말고 기꺼이 하며"(벧전 5:2).

장로들은 좋은 본이 됨

남자가 좋은 장로가 될 수 있는 가장 좋은 방법의 하나는 무리에게 좋은 본보기가 되는 것이다. 디도 장로에 대한 바울의 설명을 보고, 장로들이 어떻게 다른 사람들의 모델이 될 수 있는지 생각해 보라.

"감독관으로서, 하나님의 관리자로서, 오만하지도, 화를 잘 내거나, 술에

중독되지도, 불량배도, 돈에 대한 탐욕도 가지지 말아야 한다. 대신 친절하고, 선하고, 분별 있고, 의롭고, 거룩하고, 자기 통제적인 것을 사랑하며, 가르침대로 충실하게 메시지를 고수해야 한다. 그리고 건전한 가르침으로 격려하고, 그것을 반박하는 사람들을 반박할 수 있어야 한다"(딛 1:7-9)

왜 장로나 목사가 이러한 가르침들을 전부 실천해야 하는가? 왜냐하면, 감독의 일 중 하나가 무리에게 길을 보여주는 것이기 때문이다. 그들은 그리스도의 제자로서 길을 인도한다. 가르침으로써 어떻게 가르치는지를 보여준다. 충실하게 행동함으로써 신실한 행동이 어떤 모습인지 보여준다. 베드로의 지시에 따라 무리에게 살아있는 예가 된다(벧전 5:3).

장로가 장로를 세움

마지막으로, 장로들은 계속해서 다른 장로들을 키워서 자신을 불필요하게 만들기 위해 일한다. 이것은 어떤 의미에서 결국 "제자를 만드는" 의무를 지는 것이다. 장로들은 다른 사람들이 성숙을 향해 성장할 수 있도록 가르치고 훈련한다.

바울이 디모데에게 어떻게 지시하는지 살펴보자.

"또 네가 많은 증인 앞에서 내게 들은 바를 충성된 사람들에게 부탁하라 그들이 또 다른 사람들을 가르칠 수 있으리라"(딤후 2:2).

바울(1세대)은 디모데(2세대)를 가르쳤다. 그는 디모데가 충실한 남성(3세대)에게 그런 교훈을 가르치기를 원했다. 그리고 그 충실한 사람들이 다른 사람들도 가르치기를 원했다(4세대). 우리 중 얼마나 많은 사람이 바울처럼 우리의 영적 자녀들을 염두에 두고 있는가! 장로로 성장하는 지체가 점점 더 많아지는 교회는 건강하고 강력한 신도들이 많은 교회다.

요컨대 장로들은 양을 잘 알고 섬겨야 한다. 경건한 장로들이 양을 이끌고 먹이를 준다. 그들은 잘 다스리고 조심스럽게 지키는 데 전념한다. 사회적 신분이 낮고 배움에 목마른 사람들을 찾는다. 다른 사람들을 가르치기 위해 은사받은 사람들을 훈련한다. 장로들은 모든 사역에서 자신의 양을 하나도 잃지 않는 선한 목자 그리스도의 예를 따른다.

5장
장로들은 교회 직원, 집사, 그리고 "목사"와 어떻게 관련이 있는가?

장로들이 주로 가르치고 감독하는 책임이 있다면 교회 직원, 집사, 그리고 은퇴 목사나 리더 목사(lead Pasto)와 어떻게 관련되어야 하는가? 나는 우리가 각각의 역할을 구별하고 누가, 무엇을 책임지는지 아는 것이 중요하다고 생각한다. 장로들의 일과 결정은 직원들, 집사들, 그리고 교회 전체와 어떠한 관련이 있는가?

장로와 교회 직원의 관계

많은 현대 교회는 장로들과 교회 직원(church staff)들을 혼동한다. 어떤 직원들은 목사들이다. 일부 직원들은 그렇지 않다. 어느 쪽이든, 직원들은 교회에서 일하기 위해 전임이나 시간제로 일하는 사람들이다. 그들은 종종 매일 일어나는 일에 가장 직접적으로 익숙하게 관여하는 사람들이다. 그들은 어느 정도의 경건함과 성숙함을 지니고 있어야 한다. 그렇지 않으면 애초에 부임하지 않는 것이 좋다. 목사들은 신학교에 다녔을지라도 아닐 수도 있다.

직원의 직함이 '목사'라면 장로이기도 하다. 앞에서 언급했듯이 성경의 단어는 서로 바꿀 수 있으므로 모든 목사는 장로다. 그래서 우리 교회는 장로가 아닌 사람에게 "청소년부 목사"(youth pastor)라는 칭호를 주지 않았다. 현재 내가 섬기는 교회가 인정한 24명의 장로 중 교회에서 공식적으로 사례를 지급하는 사역자는 6명에 불과하다.

하지만 우리는 목회적인 일을 하는 많은 젊은 남성이 있다. 하지만 그들은 아직 장로로 확인되지는 않았다. 이들은 전도사로 임명되었는데, '전도사'들은 가르치는 일에서부터 심방하는 일까지 모든 일에서 훌륭하게 성도들을 보살피고 있다. 또한, 우리에게는 행정직뿐만 아니라 어린이 사역을 지휘하는 경건한 여성들도 있다.

그렇다면 장로와 직원들은 어떻게 관계를 맺는가? 장로들이 전체적으로 회중을 감독하기 때문에 더 큰 감독 결정은 교회에 상주하는 교회 직원들이 결정을 실행할 책임이 있다. 확실히 장로들은 대체로 그들 모두의 결정이나 지침에 대해 상주하는 교회 직원들에게 의존하는 경우가 많다. 결국, 교회에서 스텝으로 일하는 장로들은 이 일을 추구하기 위해 일주일 내내 시간을 갖는다.

장로와 집사의 관계

실제로 교리에 있지 않다면, 많은 교회는 신약성경의 집사와 장로의 역할을 혼란스러워 한다.

디모데전서 3장의 장로와 집사 자격 목록을 비교하면 가장 눈에 띄는 것은 차이가 아니라 유사점이다. 장로와 집사 모두 평판이 좋고, 흠잡을 데 없고, 신뢰받고, 일부일처이고, 냉정하고, 온화하고, 관대한 개인이어야 한다. 사실 이 두 목록이 너무 비슷해서 초기 기독교인들은 두 개의 구분된 지도자를 분명히 인식해야 했다. 두 목록의 주요 차이점은 장로가 '유능한 교사'여야 한다는 점이다.

우리는 사도행전 6장에서 이러한 구별의 근원을 보았다. 사도들은 "우리가 하나님의 말씀을 제쳐 놓고 접대를 일삼는 것이 마땅하지 아니하니"(행 6:2)라고 주장했다. 그들은 "기도와 설교 사역"에 헌신하기를 원했다. 선택된 일곱 명의 집사는 테이블에서 기다리기 위해 따로 남겨졌다. 마찬가지로 하나님 말씀의 사역은 공개적인 말씀 선포와 장로들의 삶에서 가장 핵심적이다. 집사들은 교회와 말씀의 통일을 증진하기 위해 행정, 관리, 육신의 필요를 가진 교회 구성원들의 보살핌 등 교회 생활의 실질적인 세부 사항에 관심을 가져야 한다.

장로들은 설교와 기도의 집사라 할 수 있다. 집사는 실용적이고 육체적인 영역의 일을 감당한다.

따라서 집사의 일을 설명하자면 가령 법안이 통과되어야 하는 입법부의 별도의 권력 조직이나 법의 영향에서 벗어나는 제2의 기관으로 행동해서는 안 된다. 장로들이 "피츠버그까지 운전하자"라고 하면, 다시 돌아와 "아니, 필라델피아로 가자"라고 말하는 것은 집사의 일이 아니다. 하지만 집사들은 합법적으로 돌아와 다음과 같이 건의할 수 있다. "우리 자동차 엔진이 피츠버그까지는 못 갈 거야. 다시 생각해 봐야 할 것 같아." 그러나 일반적으로 집사들의 일은 장로들이 정한 목적지를 지원하는 것이다.

장로의 역할과 집사의 역할을 분명하게 구별하는 것은 많은 교회에 큰 유익이 될 것이다.

장로들과 "목회자"의 관계

성경은 장로들 사이에 담임목사(senior pastor)가 있어야 한다고 가르치는가? 그 질문에 대한 대답은 "아니, 직접적으로는 아니다"이다. 그렇게 말했으니, 나는 우리가 장로의 역할 중에서 중요한 역할인 교사의 역할에서 분별할 수 있다고 생각한다. 이런 종류의 역할을 신약성경에서 네 가지로 소개하겠다.

1. 어떤 장로는 장소를 옮겨가지만(디모데와 디도처럼) 어떤 장로는 그렇지 않았다. 그래서 디모데는 외부에서 왔고, 다른 사람들은 지역 성도들 안에서 임명되었다.
2. 일부 장로들은 무리 때문에 전임 사역으로 인정되었다(딤전 5:17-18; 빌 4:15-18). 다른 사람들은 다른 직장에서 일했다. 크레타 교회에 임명된 디도가 전임 사례금을 받을 수 있었을 것 같지는 않다.
3. 바울은 에베소 교회에 다른 장로들이 있다는 것을 우리가 사도행전에서 알고 있음에도 불구하고 교회에 대한 지시와 함께 디모데에게 혼자 편지를 썼다. 디모데는 그들 사이에 독특한 기능을 가지고 있었던 것 같다.
4. 마지막으로, 요한계시록 2장과 3장의 7개 교회에 대한 예수님

의 편지는 이들 교회 각자에게 보내진다.

이 중 어느 것도, 오늘날 교회가 빈틈없이 지켜야 하는 명령은 아니다. 하지만 그 내용에는 한 명의 연장자를 따로 떼어놓고, 재정적으로 그를 지원하고, 그에게 교회에서 일차적으로 가르치는 책임을 부여하는 우리의 관행과 일치하는 내용이 있다. 그는 충실하게 가르칠 때, 자연스럽게 권위를 얻게 된다. 그러면 교회의 방향을 정립하는 일에 있어서 "같은 조건을 갖춘 사람 중에서 지도자" 역할이 주어질 것이다. 그리고 장로들은 그를 이 일을 위해 전임으로 정해두었기 때문에, 교회는 이러한 지도자를 찾아야 한다.

그렇긴 하지만, 설교자 또는 목사는 근본적으로 그저 장로 중 한 명일 뿐이다. 그리고 장로들은 성령께서 정해 주신 감독권을 가지고 있다. 그에 따라 그들 각자는 각각 한 표씩만 행사한다.

이러한 복수성은 리더십을 더욱 뿌리 깊게 영구적으로 만들고, 담임목사(senior pastor)가 떠날 때 리더십의 연속성이 유지된다. 이런 방향은 교회가 성도를 성장시키는 데 더 많은 책임을 지도록 격려하고 또한 교회가 직원들에 대한 의존도를 낮추도록 돕는다. 다시 말해서, 복수적 장로 모델은 지도자를 규율하고 키우라는 요구에 대한 것이다.

담임목사로서, 아마도 나의 목회 사역에 가장 도움이 되는 것은 장로들의 인정이다. 그들의 섬김은 엄청난 이점을 가지고 있다. 그들은 내 은사를 돕고, 나의 결점을 보충하고, 나의 판단을 보완하고, 결정을 위해 성도들을 지지하고, 나에 대한 부당한 비판에 내가 덜 노출되게 한다. 우리 교회도 목양을 돕는 이러한 사람들과 함께 영혼들을 목양하면서 엄청난 유익을 얻었다.

6장
장로들은 어떻게 회중과 관련되는가?

지금까지 우리는 장로와 집사의 일과 장로들이 교회의 다른 기관과 어떻게 관련되는지 돌아보았다. 그러나 장로 리더십은 회중주의의 맥락에서 정확히 무엇을 의미하는가?[20]

회중주의란 무엇인가?

먼저 다음의 질문에 대답하려 한다. 회중주의란 무엇인가? 지역 교회에서 회중주의는 마지막 항소 결정권이 로마나 콘스탄티노플 또는 워싱턴의 주교에게 있는 것이 아니다. 그것은 어떤 국제회의나 어떤 국회, 협약에 의한 것이 아니다. 교파의 총회장이나 이사회 의장에게 있는 것도 아니다. 지역 대의나 사역 협회를 통한 것도 아니다. 심지어 지역 교회 안의 장로들, 즉 목사에게만 의한 것도 아니다. 지역 교회의 삶에 관한 마지막 결정권은 지역 교회 자체에 있다.

---

20 Jonathan Leeman discusses this matter at length in *Don't Fire Your Church Members: A Case for Congregationalism* (Nashville: B&H Academic, 2016), 5장을 참조할 것. 좀 더 대중적으로 입장에서 다음의 자료를 참조하면 된다. *Understanding the Congregation's Authority* (Nashville: B&H, 2016), 6장.

이것은 신약성경에서 교리와 규율 문제뿐만 아니라 회원의 인정과 그들 사이 차이점의 문제 해결에서도 입증된 것으로 보인다.

분쟁(Disputes). 마태복음 18장 15~17절에 예수님은 형제들 사이의 분쟁에 관해 이야기했다. 교회가 최종 결정 및 판단하는 곳인지 주목할 필요가 있다. 그것은 주교나 장로(presbytery), 목사가 아니라 '교회'(17절)이다. 지역 회중 전체가 항소의 최종 결정권 기관이어야 한다.

교리(Doctrine). 갈라디아서 1장 6~9절에서 바울은 젊은 기독교 회중들에게 천사와 사도적 설교자들을 판단할 것을 요구한다(그 자신까지도 포함하여!). 갈라디아인들이 받아들인 복음 이외의 다른 복음을 설교해야 한다면 그는 디모데후서 4장 3절에서 거짓 교사를 다루는 최고의 방법으로 디모데와 에베소교회를 상담할 때 이 점을 다시 강조한다.

치리(Discipline). 고린도전서 5장에서 바울은 고린도 회중 전체(장로들뿐만 아니라)에게 신앙의 직업에 반하여 사는 사람을 배제하는 행동을 호소한다. 성경에서 교회 치리의 문제를 다룰 때 교회 전체는 최종 결정기관이다.

회원(Membership). 고린도후서 2장 6~8절에서 바울은 회원 자격에서 한 남성을 제외하는 데 있어 대다수 사람에게 호소한다. 바울은 그 남성을 회원 자격으로 회복시키기를 원한다. "이러한 사람은 많은 사람에게서 벌 받는 것이 마땅하도다 그런즉 너희는 차라리 그를 용서하고 위로할 것이니 그가 너무 많은 근심에 잠길까 두려워하노라 그러므로 너희를 권하노니 사랑을 그들에게 나타내라." 교회 회원권 문제에서는 교회 전체가 최종 결정기관이어야 한다.

성도들이 리더십, 교회 직원, 예산에 공동으로 얼마나 더 참여하여 결정하느냐는 신중함과 판단력이 필요한 문제다. 신약성경에는 지명위원회나 이사회 제도가 언급되지 않는다. 재정위원회나 소그룹 리더십 팀에 대한 자세한 언급도 없다. 그렇다 해도 우리는 성경의 완전성과 충분성을 믿는다.

또한, 신자들이 항상 옳은 것은 아니라는 것을 명심하라. 바울은 제자이자 에베소 교회 목사인 디모데에게 편지를 썼을 때 다가오는 악의 날을 "사람이 바른 교훈을 받지 아니하며"라고 묘사했다. 대신 그들은 자신의 욕망에 맞게 그들 주위에 많은 선생님이 모여 가려운 귀를 긁어주는 듣고 싶은 말을 할 것이다. "귀가 가려워서 자기의 사욕을 따를 스승을 많이 두고"(딤후 4:3). 회중주의는 성경적이지만, 회중이 무오하다는 것은 아니다. 우리는 과거 역사에서 조나단 에드워즈를 해고한 성도들을 생각해 볼 필요가 있다. 나는 그들이 성도를 해고할 수 있는 모든 성경적 권리를 가지고 있었음에도 에드워즈를 해고하기 위해 그것을 사용한 것은 잘못되었다고 생각한다. 이 타락한 세상에서는 하나님이 세운 정당한 권위조차도 틀릴 수 있다.

리더를 신뢰하고 순종하는 것

이렇게 회중주의에서 교회가 마지막 결정기관이라고 단언한다면, 히브리서 13장 17절과는 어떻게 결합할 것인가?

"너희를 인도하는 자들에게 순종하고 복종하라 그들은 너희 영혼을 위하여 경성하기를 자신들이 청산할 자인 것같이 하느니라 그들이 즐거움으로 이것을 하게 하고 근심으로 하게 하지 말라 그렇지 않으면 너희에게 유익이 없느니라."

우리는 '순종'과 '복종' 같은 단어를 사용하는 것에 익숙하지 않지만, 신약성경은 순종하고 복종하기를 사회와 직장, 가정, 결혼, 교회에 적용한다. 우리의 지도자들에게 순종하고 그들을 신임하려면 우리도 어느 정도의 신뢰를 해야 한다.

신뢰는 반드시 얻어야 한다고 말한다. 나는 충분히 그 의미를 이해한다. 하지만 이러한 태도는 기껏해야 절반 정도만 사실이다. 우리는 불완전한 인간이다. 동료들에게 그들의 가족이나 친구, 고용주나 정부 관리, 심지어 교회의 지도자들에게 주도록 부름을 받는 완전한 정도의 신뢰는 결코 얻을 수 없다. 신뢰는 선물로서, 믿음에 대한 선물이다. 우리에게 하나님의 선물이라 여겨지는 사람들 자체보다 하나님에 대한 신뢰에 더 많이 주목해야 한다. 신뢰할 수 없는 지도자나 믿을 수 없는 교회 회원을 두는 것은 교회에서 심각한 영적 결핍이다.

여러분은 교회 구성원으로서 여러분의 지도자들을 믿을 수도 있고 그들을 다른 사람으로 임명할 수도 있다. 만약 여러분의 추천에 대해 장로들과 의견이 다르다면, 그럴만한 이유가 있다. 가서 그들과 그것에 관해 이야기하라. 여러분은 성경 이외에 장로들의 주요 정보원이다!

나는 교회 지도자들을 불신하기보다는 장로들과 대화하도록 격려하기를 원한다. 지도자들과 조용히 만나 그들을 격려하기 위해 계획을 세우라. 교회 지도자들의 일을 부담스럽게 하는 것이 아니라 기쁨으로 만드는 전략을 계획하라. 히브리서의 저자는 이것이 여러분의 지도자들을 여러분에게 축복이 되도록 만드는 방법이라고 말한다.

관계에 대한 다섯 가지 특성

장로와 회원 모두 서로 봉사하고 의존한다. 이 관계를 다섯 가지 특징으로 요약해 본다.

1 명확한 인정. 성도들은 장로를 하나님의 선물로 인정하여 선을 베풀어야 한다. 그들은 장로들이 성경에 반하는 행동을 할 때만 가르치고 이끌어야 하는 의무를 지는 것이 아니다. 성도들은 하나님께서 장로들에게 권위를 부여하신 것임을 매사에 인정해야 한다.

2 마음으로부터의 신뢰. 교회는 장로들을 신뢰하고 보호하며 존중해야 한다. "잘 다스리는 장로들은 배나 존경할 자로 알되 말씀과 가르침에 수고하는 이들에게는 더욱 그리할 것이니라"(딤전 5:17). "그들의 역사로 말미암아 사랑 안에서 가장 귀히 여기며"(살전 5:13). 장로들은 교회의 업무를 지휘해야 하고, 교회는 그들의 지도력에 복종해야 한다.

3 확실한 경건. 우리는 바울이 디모데와 디도에게 보낸 편지에서

장로들이 "책망할 것이 없다"라는 점을 강조해 왔다(딛 1:6). 그렇다면 장로는 자신의 삶이 타인의 점검에 개방되고, 집이 외부인들에게 적극적으로 개방되며 환대해야 한다. 다른 사람들을 가족의 삶에 초대하여 끌어들이기를 기꺼이 해야 한다.

4 **진실한 신중함.** 성실한 장로들의 권위 사용은 교회가 자신들의 것이 아니라 그리스도의 것임을 이해하고 이를 증명해야 한다. 그리스도는 자신의 피로 교회를 사셨다. 그러므로 장로들은 교회를 소중히 여기고, 세심히 부드럽게 대하며, 하나님의 영광을 위해 충실하고 순수하게 이끌어야 한다. 장로들은 그리스도의 청지기로서 자신이 한 일에 대하여 예수 그리스도 앞에서 결산하게 될 것이다.

5 **유익한 결과.** 권위는 선한 일을 주도하는 사람에게 좋은 혜택을 주었다. 그래서 권위는 가정에 있고 하나님과의 관계에 있으며 성도들 안에 있다. 성도들은 하나님께서 주신 교사들을 통해 권위를 쌓아 올리면서 유익을 얻을 것이다. 권위는 언제나 폭력적이고 억압적이기 때문에 결코 믿을 수 없다는 것은 사탄의 거짓말이다. 신실한 권위자로서 장로들의 자비로운 권위 행사는 성도들에게 유익한 영향력을 미치게 될 것이다.

앞서 인용한 히브리서 13장 17절은 지도자들이 어떻게 이끌어가는지 설명하겠다고 약속하고, 지도자를 따르지 않으면 '이익이 없다'라는 것을 회중들에 약속한다.

에드워드 그리핀(Edward Griffin, 1770~1837)이 수년 동안 잘 섬겼던 교회에서 은퇴할 때, 그는 성도들에게 목회자를 단순히 직분으로 뿐만 아니라 어떻게 배려해야 할지를 조언했다. 그의 말은 또한 하나님이 우리에게 주신 목사/장로를 소중히 여기는 방법을 가르쳐 준다.

> 여러분 자신을 위해서, 그리고 여러분의 자녀들을 위해서 여러분의 목사가 되기로 선택된 분을 소중히 여기고 존경하라. 그는 이미 당신을 사랑하고 여러분을 진실로 '그의 뼈 중 뼈와 살 중의 살'로 사랑할 것이다. 그의 일을 가능한한 즐겁게 해주는 것도 여러분의 의무이자 관심사가 되어야 한다. 너무 많은 것을 요구하지 않는 것이 좋다. 너무 자주 방문하지 말아 달라.
>
> 이런 식으로, 일부 요구가 있는 일에 자신 시간의 절반을 소비한다면, 그는 부담감에 설사 일찍 가라앉지는 않더라도 정작 필요한 말씀 공부에 온전히 집중할 수 없다. 그에게 불리하거나 불친절한 모든 것을 사사건건 보고하지 말라. 또한, 그가 있는 곳에서는 반대가 일어나야 한다 해도 얼굴 앞에서나 직선적으로 반대를 암시하지도 말라. 비록 그는 그리스도의 목사지만 동시에 그도 사람으로서 우리와 똑같은 감정이 있다고 생각해라.[21]

회중주의-왜 중요한가?

이 모든 것이 왜 중요할까? 첫째, 우리는 하나님께서 창조한 구조를 신뢰하고 그렇게 하는 데 있어서 그분의 지혜를 믿어야 한다.

둘째, 역사의 판단이 내려졌다. 어떤 정치도 교회가 모든 오류, 쇠

---

21 Edward Griffin, *A Tearful Farewell from a Faithful Pastor* (1809).

퇴, 생명력 없는 것으로부터 예방하지 못한다. 역사상 중앙 집권화된 정치는 회중 교회보다 충실하고, 활력 있고, 복음주의적인 증인을 세우고 유지하는 데 있어서 더 나쁜 기록을 가지고 있는 것 같다. 교황은 오히려 기독교인들에게 큰 피해를 줬다. 주교들도 더 잘하지 못했다. 심지어 의회, 장로회, 대회(synod)도 조언자의 위치에서 유일한 결정자가 되자 성경에 근거한 권위를 넘어서서 도움을 주기보다 더 많은 문제를 일으켰다.

복음 자체가 너무나 단순하고 명확하며 성령님으로 말미암아 우리가 하나님과 맺은 관계 즉, 새로운 생명이 너무나 현실적이다.[22]

조나단 리먼(Jonathan Leeman)은 장로 주도의 회중주의는 '가스펠 강국(gospel powerhouse)'이라고 결론짓는다. "복음을 지키고, 기독교 제자를 성숙시키고, 교회 전체를 강화하고, 거룩한 성실성을 강화하고, 이웃을 더 잘 사랑할 수 있도록 성도들을 증인으로 삼고, 그 신도들을 주께 올리는 것이다."[23]

---

22 렘 31:34; 고전 2:10-16; 요일 2:20, 27.
23 Leeman, *Understanding the Congregation's Authority*, 서론.

7장
교회 회원은 누구인가?

장로들이 회중주의의 맥락에서 인도한다는 것을 살펴보았다. 우리는 이제 그 구성원들이 누구인지 질문해볼 것이다.

교회 회원 가입에 대한 모든 생각은 오늘날 많은 사람에게 역효과를 낳은 것 같다. 어떤 사람은 들어가고 다른 사람은 나간다고 말하는 것은 비우호적이고 어쩌면 엘리트주의적인 것이 아닐까? 사실 나는 이 점을 바로잡는 것이 우리 교회를 활성화하고, 우리나라를 복음화하며, 전 세계 그리스도의 대의를 증진하게 하고, 그럼으로써 하나님에게 영광을 올려드리는 중요한 단계라고 확신한다!

미국 복음주의자들은 이 주제, 특히 내가 소속된 남침례교단(Southern Baptist Convention)에 대해 재고할 필요가 있다. 몇 년 전 한 남침례교 연구에 따르면, 전형적인 남침례교회는 일요일 아침 예배에 233명이 참석하고 이 중 70%가 교회학교(성경공부)에 참석한다. 내 질문은 이것이다. 다른 163명의 구성원들은 어디에 있는가? 이것이 기독교에 대하여, 우리 주변의 세계에 무엇을 말하는가?

교회란 무엇인가?

먼저 "교회란 무엇인가?"라는 질문부터 시작한다. 교회는 건물이 아니다. 교회는 구성원이다. 오직 그리스도에 대한 믿음으로 하나님의 영광에만 의지하여 은혜로 구원받았다는 증거를 공언하며 증인 된 사람들의 정기적인 모임이다. 초기 기독교인들은 교회가 시작된 후 거의 300년 동안 건물이 없었다. 초기부터 지역 교회들은 특정한 사람들로 구성된 정도였다. 어떤 사람들은 이 모임을 구성하는 구성원이었을 것이고, 다른 사람들은 그 모임 밖에 있었을 것이다. 따라서 마태복음 18장에서 예수님이 가르치시고 고린도전서 1장에서 바울이 가르치는 비난은 개인이 배제된 것으로 생각할 수 있다.

공동체를 정의한 개념은 구약과 신약성경 모두를 통해 볼 때 하나님 행동의 중심이 된다. 하나님은 노아와 그의 가족을 분리하고 구별했다. 아브라함과 그의 후손들, 이스라엘 민족, 그리고 이제 신약성경의 교회는 각각 분리되고 구별되었다. 하나님은 당신의 성격을 보여주기 위해 항상 사람들을 뚜렷하게 분리해 오셨다. 하나님은 특별히 자신에게 속한 사람들과 그렇지 않은 사람들을 구별하시려는 의도를 가지고 선을 행할 것을 말씀하셨다.

모인 공동체(gathered community)라는 교회의 개념은 침례교인들을 다른 많은 사람과 구별시킨다. 종교 개혁 당시 국가와 교회의 관계는 가깝고도 복잡했다. 특정 정치적 관할권의 범위 내에서 태어난 모든 사람이 교회의 일원이 될 수 있어야 한다고 가정되었다. 그 후 침례교인들은 신자의 침(세)례와 중생에 대한 고백과 증거가 있는 회중이 교회라고하는 개념을 회복하는 기여했다.

교회는 결국 혈통적으로나 국가의 시민권 덕분에 올바른 가족이 된 사람들을 위한 것이 아니다. 그래서 우리는 이 땅에서 교회가 자유로이 운영될 수 있는 종류의 자유를 주는 법을 옹호한다. 침례교도들은 미국에 단지 교회라는 이름으로 새로 설립된 교회를 옹호하지 않는다. 이는 어쩌면 복음 사역에 있어서 가장 확고한 적일 수 있다. 우리가 교회에 대해 올바른 이해가 있다면 결코 그것을 허락하지 않을 것이다. 우리는 예수 그리스도의 복음에 자유롭게 협력하는 교회를 통해 국가와 세계의 복음화를 향해 나아갈 것이다.

교회 회원의 표시

· **특정 교회의 회원은 과연 누구이며 어떻게 알 수 있는가?**

첫째, 교회의 회원이 되려면 신자로서 침(세)례를 받아야 한다. 마태복음 28장에서 예수님은 그를 따라갈 모든 사람에게 침(세)례를 받아 그들의 믿음을 공개적으로 고백하라고 명령한다. 우리는 공식적으로 침(세)례를 통해 그의 이름을 확인했다. 그 후 제자들은 이 명령을 이해하고 복종했다. 그러므로 바울이 로마의 교회라고 썼을 때 침(세)례를 받은 사람들에게 쓴 것으로 추측된다(롬 6:3-4).

둘째, 교회의 일원이 되려면 정기적으로 주의 만찬에 참여해야 한다. 우리는 만찬을 통해 그리스도의 한 몸을 공유하고 그리스도의 죽음을 선언한다(고전 10:16-17). 침(세)례가 새로운 언약의 표시라면 주님의 만찬은 추억의 식사이다. 우리는 그를 '기억하며' 먹고 마신다. 침(세)례와 주님의 만찬에 대한 자세한 내용은 교회 기초 시리즈에서 이 주제에 관한 바비 제이미슨(Bobby Jamieson)의 두 권의 책을 참조하면 된다.

셋째, 교회의 일원이 되려면 정기적으로 교회와 함께 모여야 한다. 이것은 아마도 서로에게 가장 기본적인 사역일 것이다. 히브리서의 저자는 "서로 돌아보아 사랑과 선행을 격려하며 모이기를 폐하는 어떤 사람들의 습관과 같이 하지 말고 오직 권하여 그날이 가까움을 볼수록 더욱 그리하자"(히 10:24-25)라고 명령한다.

신약성경은 교회를 영적 가정이라고 부르고 우리 각자는 돌(벧전 2:5)이라고 부른다. 교회를 하나의 몸이라고 부르고 우리 각각은 회원(고전 12)이라고 부른다. 또한, 우리는 양 무리의 양이고 덩굴의 가지라고 말한다(요 10:16, 15:5). 성경적으로 기독교인은 교회의 일원임이 틀림없다. 교회의 회원은 단순히 종이 위에 적힌 이름이나 우리가 자란 장소에 대한 애정 선언이 아니다. 그것은 믿음 생활과 정기적인 출석을 반영해야 한다. 그렇지 않으면 쓸모없는 그 어떤 것보다 더 나쁘다. 오히려 위험하다.

교회에 참여하지 않은 '회원'이 기독교인이 된다는 것이 과연 무슨 의미가 있는가? 이는 오히려 실제 구성원과 비기독교인 모두를 혼란스럽게 한다. 교회에서 우리 "활동적인" 회원은 자발적으로 섬김의 일을 하고 "비활동적인" 회원은 섬김을 하지 않는다. 하지만 교회 회원이 되었다는 것은 어떤 이의 구원을 위해 교회로서 공동의 일에 참여하는 것을 의미한다. 이러한 점들이 교회 회원의 조건이 된다. 교회 회원은 개인의 구원에 대한 교회 공동체적인 증언이다. 그렇다면 과연 성도들이 보이지 않는 곳에서도 충실하게 경주를 하고 있다고 어떻게 정직하게 증언할 수 있을까?

우리는 교회에서 누가 참석하지 않았는지 서로 돌아보아 끊임없이 돌보려 노력한다. 그들이 교회에 참석할 수 있다면 우리 교회에 돌아오거나 다른 교회에 가입하도록 격려한다. 만약 그들이 거절한다면 우리는 규율을 적용하게 되는 데 이는 다음의 주제로 자연스레 이끈다.

넷째, 교회 구성원이 된다는 것은 교회의 책임과 규율에 따르는 것을 의미한다. 가르치는 자들은 실수를 바로잡는다. 의사들은 건강한 삶을 위해 처방하여 우리가 질병과 싸우도록 돕는다. 기독교에서 제자를 만드는 것은 형성적 규율(가르침)과 교정적 규율을 적용하는 것을 의미한다. 우리는 서로를 징계한다. 어떤 사람이 회개하기를 거부할 때 이를 공식적이고 공개적으로 징계한다. 예수님이 명령하셨고, 바울이 명령했다. 초기의 교회들은 이러한 명령을 적용하여 연습했다. 이 주제에 대한 조나단 리먼(Jonathan Leeman)의 저서를 교회 기초 시리즈에서 보라.

다섯째, 마지막으로 사랑은 교회 회원의 표시가 된다. 예수님께서 제자들에게 말씀하셨다. "이렇게 말씀하심은 자기가 어떠한 죽음으로 죽을 것을 보이심이러라 새 계명을 너희에게 주노니 서로 사랑하라 내가 너희를 사랑한 것 같이 너희도 서로 사랑하라 너희가 서로 사랑하면 이로써 모든 사람이 너희가 내 제자인 줄 알리라"(요 13:34-35). 다른 형제자매들을 사랑하지 않고서는 자신을 기독교인이라고 부를 수 없다.

> "누구든지 하나님을 사랑하노라 하고 그 형제를 미워하면 이는 거짓말하는 자니 보는바 그 형제를 사랑하지 아니하는 자는 보지 못하는바 하나님을 사랑할 수 없느니라"(요일 4:20).

우리의 악한 성향은 자신을 속이고 우리의 선함을 과대평가한다. 예수님이 우리 자신의 진정한 자존심을 회복하고 영적으로 눈이 먼 것을 확인하도록 다른 성도들을 섬기라고 우리에게 말씀하신 것에 대해 하나님께 감사한다!

다른 많은 것은 우리가 교회에서 서로를 향한 사랑스러운 헌신에서 흘러나온다. 예를 들어 우리는 우리 교회의 회원들에게 신앙 선언(a statement of faith)과 교회 언약(church covenant)에 서명할 것을 요청한다. 우리는 회원들이 교회를 위해 기도하고, 교회를 지원하기 위해 재정적으로 헌금하며, 교회 사역에 참여하기를 기대한다. 그러나 이 같은 침(세)례, 주님의 만찬, 출석, 규율, 그 외 다른 많은 것들은 사랑으로부터 시작된다.

교회에 왜 가입하는가?

교회 회원은 그리스도를 제자로 따라가는 데 중요한 부분이다. 우리의 좋은 행위, 교육, 문화, 우정, 공헌, 침(세)례가 있더라도 결코 우리 자신을 구원하지는 못할 것이다. 하지만 교회에 회원으로 가입하는 것은 그리스도의 몸을 이루는 구성원이 되는 데 있어서 반드시 먼저 해야 하는 일이다. 교회에 가지 않으려면 교회에 속한다고 말하지 말아야 한다.

교회는 복음을 설교하고 기독교인의 삶을 세운다. 이러한 교회에 가입해야 하는 여섯 가지 이유를 제시하겠다.

· **1. 자신을 보증하기 위해**

구원을 받기 위해서만 교회에 가입해서는 안 되지만, 내가 구원받았다는 것을 확실히 하기 위해 노력해야 한다. 예수께서 말씀하신 것을 기억하라.

> "나의 계명을 지키는 자라야 나를 사랑하는 자니 나를 사랑하는 자는 내 아버지께 사랑을 받을 것이요 나도 그를 사랑하여 그에게 나를 나타 내리라"(요 14:21)

우리는 교회에 속하여 형제자매들과 함께 우리가 말하는 것에 따라 살 책임을 지게 된다. 우리 삶에서 하나님이 일하심을 보지 못하거나 순종에서 멀어질 때 우리는 교회 형제자매들에게 격려하고 도전해 달라고 서로 부탁한다. 우리가 지역 교회에 가입한 것은 우리의 삶이 구원의 증거가 된다는 성도들의 공개적인 증언이 된다. 교회 회원이 되는 행위 자체가 구원은 아니지만 구원받음을 반영한다. 구원받은 이후 구원에 대하여 돌아보는 행위가 없다면 어떻게 구원의 주장에 대해 계속 확신할 수 있겠는가?

교회의 회원이 되면서 서로 알고, 서로에게 알려지며, 서로 보증되도록 함께 손을 잡는다.

2. 사역에 배치되도록

바울은 "그가 어떤 사람은 사도로 어떤 사람은 선지자로 어떤 사람은 복음 전하는 자로 어떤 사람은 목사와 교사로 삼으셨으니 이는 성도를 온전하게 하여 봉사의 일을 하게 하며 그리스도의 몸을 세우려 하심이라"(엡4:11-12)라고 말한다. 여기서 두 가지를 주목하라. 첫째, 교회 지도자들이 우리를 영적으로 무장시켜준다. 둘째, 교회 지도자들은 그리스도의 몸을 세우는 일을 위해 우리를 준비시킨다.

즉, 우리는 교회에 가입하여 우리를 각자 모두 부르시는 사역을 할 수 있도록 영적으로 무장하게 된다. 그러므로 교회 지도자들이 우리에게 얼마나 큰 선물인가! 교회 회원으로 가입하여 자신을 성장시키는 영적 지도자들을 두어야 한다. 지도자들이 당신을 준비시키고 당신을 돕는 동안 그들을 지원하라.

3. 교회를 세우기 위해

우리가 영적으로 무장되기 위해 교회에 합류한다면, 우리는 또한 교회를 세울 수 있는 장비를 갖추게 된다. 교회에 가입하는 세 번째 이유는 교회를 세우고 건립하는 것이다. 교회에 가입하는 것은 잘못된 개인주의에 맞서 기독교의 공동체성을 발견하는 것이다. 신약성경은 기독교인의 삶이 서로를 향한 보살핌과 관심을 포함한다고 가르친다. 그것이 기독교인이 된다는 의미가 된다. 비록 우리가 서로 사랑하고 함께 세워가는 것을 불완전하게 하지만, 우리는 이를 위해 헌신해야 한다. 심지어 어린아이까지도 의, 사랑, 자기를 내어줌, 그리고 그리스도처럼 장성해가는 단계를 밟도록 장려해야 한다.

교회 멤버십 수업에서 나는 종종 내가 다녔던 교회의 캠퍼스 기독교 사역에서 함께 일했던 친구의 이야기를 들려준다. 친구는 찬송가가 끝난 직후에 항상 몰래 들어와 설교만 듣기 위해 앉아 있다가 떠나곤 했다. 어느 날 나는 친구에게 왜 모든 봉사를 하러 오지 않았느냐고 물었다. 친구는 "음, 나머지 부분에서는 참여를 못 해"라고 답변하였다. 이에 나는 친구에게 "교회에 들어갈 생각을 해본 적 있어?"라고 질문하였다.

친구는 내 질문이 매우 터무니없다고 생각했다. "내가 왜 교회에 가입하겠어? 교회는 오히려 나를 영적으로 늦출 거로 생각해." 친구가 이렇게 말했을 때, 나는 그가 기독교인이 된다는 것이 무엇을 의미하는지를 아는지 궁금했다.

"하나님께서 다른 사람들과 팔로 연결해주시길 원하신다고 생각해본 적이 있는가? 물론, 그들이 여러분의 성장을 혹시 늦출 수도 있지만, 여러분이 그들을 빨리 성장시키는 데 도움이 될 수도 있다. 어쩌면 그것은 우리가 기독교인으로서 함께 사는 동안 우리를 위한 하나님 계획의 일부일지도 모른다!"

· **4. 세계를 복음화하기 위해**

세상을 복음화하기 위해 지역 교회에 가입해야 한다. 지역 교회는 본질에서 선교 기관이다. 우리가 서로 함께할 때 국내외에서 복음을 더 잘 전할 수 있다. 우리는 복음의 메시지를 서로 함께 공유하도록 돕기 때문에 자신의 말로 복음을 전할 수 있게 된다. 그리고 우리는 말씀대로 살기 위해 우리의 삶 가운데 서로 함께한다. 우리는 우리의 삶을 바꾸는 힘이 있는 말씀에 대해 서로 함께함으로써 공동체적 증언을 제시한다. 이러한 공동체 증언에는 서로 환대하는 것부터 고아, 병자, 어린이, 그리고 혜택받지 못한 사람들의 기본적인 필요를 충족시키는 것에 이르기까지 모든 것이 포함되어 있다.

여러 교회가 서로 협력하여 복음을 전 세계에 전파하고 재난 구호, 교육 및 수많은 다른 부처의 요구와 즉각적인 육체적 돌봄이 필요한 사람들을 돕기 위해 수백만 달러와 수천 명의 자원봉사자를 제공한다. 우리는 불완전하지만, 하나님의 영이 진정으로 우리 안에서 일한다면, 그분이 우리의 삶과 말을 사용하여 복음의 진리를 증명하신다. 이것이 교회의 특별한 특권이다. 교회가 복음을 세상에 전하려는 하나님 계획의 일부가 되는 것이다.

· 5. 거짓 복음을 드러내기 위해

하나님은 우리가 서로 함께함으로써 거짓 복음이 드러나기를 원하신다. 우리가 기독교인으로서 함께하는 것을 통해 세상에 기독교가 무엇인지를 보여줄 수 있다. 우리는 교회 안에서는 성경적 기독교라 주장하면서 오히려 메시지와 이미지를 왜곡하기도 한다.

기독교의 '교회'로 자신을 키워온 악하고 혼란스럽고 왜곡된 증인들도 많다. 교회의 사명 중의 하나는 진정한 복음을 지켜내고 복음이 변질하지 않도록 예방하며 거짓을 해체하는 것이다.

• **6. 하나님께 영광을 돌리기 위해**

　마지막으로, 그리스도인은 하나님의 영광을 위해 교회에 가입해야 한다. 베드로는 초기 기독교인들에게 이렇게 썼다. "너희가 이방인 중에서 행실을 선하게 가져 너희를 악행한다고 비방하는 자들에게 너희 선한 일을 보고 오시는 날에 하나님께 영광을 돌리게 하려 함이라"(벧전 2:12). 놀랍지 않은가! 하나님은 우리의 선한 행실을 통해 영광을 받으실 것이다!

> "이같이 너희 빛이 사람 앞에 비치게 하여 그들로 너희 착한 행실을 보고 하늘에 계신 너희 아버지께 영광을 돌리게 하라"(마 5:16).

　이러한 말씀이 우리 각 개인의 삶에 사실이라면, 교회에서 함께하는 공동체의 삶에서도 하나님의 말씀이 동일하게 말씀하심을 발견하는 것은 그리 놀랄 일이 아니다. 세상은 우리가 서로 사랑하는 모습을 보고 우리가 그리스도인임을 알 것이다. "너희가 서로 사랑하면 이로써 모든 사람이 너희가 내 제자인 줄 알리라"(요 13:35). 우리의 삶은 우리가 하나님의 소유임을 표시하고, 우리가 서로 사랑하는 모습으로 하나님께 칭찬과 영광을 돌리게 된다.

　그러므로 주안에서 하나 된 나의 그리스도인 형제자매여, 교회에 출석할 것이 아니라 교회에 진정한 회원으로 속해야 한다. 다른 형제자매들과 서로 연결되도록 함께할 수 있는 교회를 찾아야 한다. 비기독교인들이 복음을 듣고 하나님을 볼 수 있도록 해야 한다. 미성숙하고 약한 그리스도인들을 보살펴 주어야 한다. 성숙하고 강한 그리스도인들이 그들의 에너지를 선한 방법으로 흘려보내 교회 지도자들을 격려하고 교회를 돕도록 해야 한다. 그리하여 이 모든 일을 통해 하나님이 영광 받으시도록 해야 한다.

결 론

하나님의 영광이 드러남

바울이 고린도인들에게 보낸 첫 편지는 교회 공동체의 삶이 어떤 것인지 이해하고 묵상할 수 있는 말씀이다. 교회는 특히 거룩함과 연합, 사랑을 나타내야 한다고 말씀하고 있다. 교회는 왜 이렇게 되어야 하는가? 교회의 성격은 하나님의 성격을 드러내야 하기 때문이다. 교회 된 우리는 거룩하고, 연합하고, 사랑해야 한다. 하나님이 거룩하시고, 하나 되시며, 사랑이시기 때문이다.

거룩함, 하나 됨, 그리고 사랑

첫째, 우리는 세상이 볼 때 다르게 보이겠지만 거룩해야 한다. 하나님을 위해 특별하게 구별되고 순수해야 한다. 거룩은 교회를 나타내는 속성으로써 교회 공동체의 당연한 특징이 되어야 한다. 세상의 어느 사람이라도 교회를 떠올릴 때 '거룩한 공동체'라고 생각해야 한다. 교회는 독선적이고 건방진 사람들의 무리가 아니라 그리스도와 그의 영광을 마음에 두고 있는 사람들의 공동체이기 때문이다. 이 같은 교회의 속성은 어떤 조직보다 좋고, 훨씬 인간적이며, 하나님을 진정으로 사랑하는 삶의 방식으로 사는 것을 의미한다. 이러한 교회의 특성이 교회 지도자의 목양 및 가르침 사역이 중요한 이유 중 하나이다. 우리는 거룩한 존재가 되어야 한다. 하나님이 거룩하시기 때문이다.

둘째, 우리는 하나이기 때문에 서로 연합해야 한다. 바울은 고린도교회의 분열과 파벌에 대해 듣고 나서 "그리스도가 분열되었는가"(고전 1:13)라고 묻는다. 정말 흥미로운 질문이다! 그 뒤에 있는 강력한 신학적 가정은 교회가 그리스도의 몸이라는 것이다. "너희는 그리스도의 몸이요 지체의 각 부분이라"(고전 12:27). 바울이 언제 그런 생각을 했을까? 내 생각에 바울은 개종한 바로 그 시간에 진리의 말씀을 밝히 깨달은 것 같다. 예수님께서 다메섹으로 가는 길에 바울을 어떻게 막았는지 기억하는가?

예수님은 "사울아, 사울아, 왜 기독교인들을 박해하는 것이냐?"라고 말하지 않았다. "사울아 사울아 네가 어찌하여 나를 박해하느냐"(행 9:4)라고 말씀하셨다. 이것은 예수님께서 그의 교회와 얼마나 밀접하게 연관되어 있는지를 보여준다. 예수님은 교회를 자신의 몸으로 보신다. 예수 그리스도를 따르는 우리도 하나가 되어야 한다. 교회의 분열은 예수님과 교회가 어떤 존재인지에 관한 문제이다.

거룩함과 마찬가지로 하나 됨은 교회의 특징이 되어야 한다. 세상이 분열된 것과는 다르게 우리는 인종적으로 유대인과 이방인의 옛 분열을 초월하여 연합해야 한다(고전 7:19). 우리 교회들이 다른 가치에서 교회의 정체성을 찾으려 한다면 얼마나 비극적인가? 우리는 이 목사의 교회, 이런 스타일의 음악, 홈 스쿨러, 민주당, 또는 블루 카펫의 교회와 같이 다른 부분이 교회를 특징짓게 해서는 안 된다. 바울이 교회가 분열되었다는 보고에 그렇게 화가 난 것도 이 때문이다.

고린도 교회는 함께하는 연합의 식사 즉, 주의 만찬에서도 서로 분열되었다. 그러나 교회 지도자들은 교회 지체들을 연합하도록 이끌어야 한다. 교회는 서로 연합해야 한다.

마지막으로, 우리는 하나님이 사랑하시기 때문에 사랑해야 한다. 신랑·신부가 결혼식에서 고린도전서 13장을 읽는 것을 좋아하지만, 성경의 이 위대한 사랑 장은 근본적으로 하나님과 교회에 관한 것이다. 하나님의 사랑은 참을성 있고, 친절하고, 고통을 인내하고, 악을 미워하며, 진실에 기뻐한다. 우리도 그래야 한다. 바울은 영적인 성숙함이 사랑에 의해 증명된다고 말한다. 그리고 그것은 가장 큰 선물이다. 그런 이유로 바울은 8장에서 이렇게 썼다. 우리는 '우리가 모두 지식을 가지고 있다'라는 사실을 알고 있다. 그런데 "지식은 교만하게 하며 사랑은 덕을 세우나니"(8:1)라고 말한다. 8장부터 14장까지는 사랑이 우리가 해야 할 일을 이끄는 여정을 보여준다. 그리고 우리의 모든 은사와 사역은 "모든 것은 덕을 세우기 위하여 하라"(고전 14:26)라고 표현된다. 바울은 16장에서 "너희 모든 일을 사랑으로 행하라"(14절)라고 요약한다. 그리스도께서 피를 쏟고 우리를 위해 몸을 바치신 사랑을 생각해 보라(11:23-26). 교회는 하나님이 사랑하시기 때문에 서로 사랑해야 한다. 복음의 처음부터 끝까지 하나님이 사랑이심을 가장 훌륭하게 증명하고 있기 때문이다.

교회는 죄로 가득하여 혼란스럽고 이기적인 세상 한가운데서 하나님의 거룩함과 연합과 사랑을 보여주어야 한다. 과연 우리가 그러한가? 우리의 교회가 하나님의 성격을 보여주는가? 오늘날 너무 많은 교회는 모든 고통이 해결되고, 모든 희생이 보상되고, 모든 신비가 이 세상에서 설명되기를 원한다. 이것은 결코 바울이 가르친 복음이 아니다. 우리 주 예수 그리스도의 복음도 아니다. 또한, 우리 교회의 복음이 되어서도 안 된다. 그리스도인의 삶을 영원한 세상에서 평가한다면, 그것은 앞뒤가 맞지 않을 것이다. 그리스도에게 맞지 않고, 바울에게도 이러한 원리는 맞지 않는다. 우리도 마찬가지다(고전 15:17-19).

하나님의 주요 증거물 중 하나

하나님께서 교회에서 무엇을 하시는지 알겠는가? 하나님께서는 "세상의 천한 것들과 멸시받는 것들과 없는 것들을 택하사 있는 것들을 폐하려 하시나니 이는 아무 육체도 하나님 앞에서 자랑하지 못하게 하려 하심이라"(고전 1:28-29). 하나님은 어떤 식으로든 자신의 영광을 빼앗기고 싶지 않기 때문에 우리와 같은 약하고 죄 많은 사람을 선택한다!

몇 년 전 내가 참석한 콘퍼런스에서 마크 로스(Mark Ross) 목사가 이렇게 말하는 것을 들었다. "우리는 하나님의 주요 증거물 중 하나다." 그는 계속 말했다. "교회에 대한 바울의 큰 관심은 교회가 하나님의 영광을 드러내고 보여주는 것이므로 하나님의 인격에 대한 악마의 모든 비방, 즉 하나님이 살 가치가 없다는 비방에 맞서 입증하는 것이다. 하나님은 그의 교회에 하나님 이름의 영광을 맡겼다. 여러분 삶의 상황은 하나님이 허락하신 것으로서 하나님의 속성을 보여주고 드러내는 상황이다."

　우리가 조심하지 않으면, 우리의 개인주의는 죄를 용인하는 기독교를 만들 수 있다. 우리의 이기심은 복음과 불일치하게 살도록 이끌 수 있다. 본질적인 것이 아닌 다른 작은 것들을 주목하도록 할 수 있다. 우리 육체도 기독교의 사랑을 감정으로만 느낄 수 있다. 우리 모두 너무 오랫동안 함께 지냈기 때문에 가족같이 친밀한 느낌이 들 수 있다. 그러나 이 모든 것들이 하나님에 관한 것이라 해서 이 모든 것들로만 우리 교회를 특징지어서는 안 된다. 사실 이러한 부분적인 점들은 하나님의 성격을 잘못 표현한다. 진정한 거룩함에는 치리(discipline)가 포함된다. 진정한 연합은 그리스도를 중심으로만 이루어진다. 교회의 다양한 특성은 이에 대한 증거로 드러날 뿐이다. 진정한 사랑은 감정보다 더 깊고 자연적인 범위를 넘어선다. 교회에서 하나님의 영광은 그리스도 중심적인 진정한 연합으로 나타나는 것이다. 이것이 교회가 진정으로 번영할 수 있는 유일한 방법이다.

　그렇다면 우리는 어떻게 하나님의 영광을 보여줄 수 있을까? 하나님께서 말씀을 통하여 우리에게 보여주신 교회의 구조에 따라 교회를 조직하여 세우는 것이다. 또한, 하나님을 위해 거룩함과 연합, 사랑의 삶을 사는 것으로 드러내는 것이다. 이것은 교회가 무엇에 헌신해야 하는지 알게 해준다. 여러분의 교회는 어떠한가?

장로들: 구조를 정하고 인도함

서구 문화가 점점 더 기독교에 반대하면서 오늘날 기독교인들은 치솟는 설교와 천둥 치는 비난 이상의 것이 필요하다. 그들은 그리스도의 영광을 향한 성육신 된 증인이 필요하다. 거룩함과 연합, 사랑의 삶을 실제로 사는 사람들이 필요하다. 문화와 함께 세상 하류에 떠다니지 않고 하늘의 상류로 수영하는 길을 이끄는 사람들이 필요하다.

그뿐만 아니라, 그들은 교회에 그렇게 완전한 남성 한 명의 예가 없는 것에서 유익을 얻는다. 그들은 하나님이 여러 명의 장로를 주신 덕에 각자가 자신의 재능에 따라 신중하고 충실하며 용감한 종의 리더십을 베풀 것이다.

> "하나님의 말씀을 너희에게 일러 주고 너희를 인도하던 자들을 생각하며 그들의 행실의 결말을 주의하여 보고 그들의 믿음을 본받으라"(히 13:7)

나는 1993년 여름에 처음으로 미국 국회의사당에 있는 우리 성도들을 방문했다. 나는 설교자 청빙위원회에 성경이 복수형의 장로가 있는 것과 이를 가르치는 것에 대한 나의 믿음을 공개적으로 언급했다. 그들은 놀랐다. 내 생각엔 이러한 결정이 조금 미뤄진 것으로 보였다. 몇 년 동안, 이 주제에 대해 수시로 가르친 후, 우리는 마침내 1998년에 새로운 교회 정관을 만들고 첫 번째 장로들을 채택했다.

지난 17년 동안 나는 함께 섬길 수 있는 사랑하는 형제들과 수천 시간을 같이 기도하고, 토론하고, 치리하고, 가르치고, 목양하는 데 함께하였다. 그들은 나의 결점을 보충해 주었다. 그들은 나를 격려하고 바로잡아 주었다. 그들은 매우 외로운 직업이 될 수 있는 것을 함께하는 기쁨으로 만들어 주었다. 우리 성도들은 하나님 아래에서 그들의 수고로 크게 번영하게 되었다. 나 혼자서만 거룩, 연합, 사랑의 구조를 만들어 이끌라고 부름을 받은 것이 아니니 얼마나 다행인가!

되어야 할 일

전 세계의 침례교회가 해야 할 일이 매우 많다. 현재 많은 교회에서 회원 자격을 얻는 관행은 안타깝게도 성경적 그림에 못 미친다. 이것은 점점 복음에 대한 우리의 증언을 흐리게 하고 우리의 복음주의와 규율을 방해한다. 부풀려진 교회 회원 명단, 침(세)례 회원의 급감, 불규칙한 출석, 교회 규율의 부재 등은 교회의 많은 문제점을 나타낸다. 이 어둡고 암흑 같은 시대의 날에 밝고 선명한 빛의 증인을 세우는 것은 교회의 가장 필요한 변화이자 교회의 가장 위대한 일이다.

우리가 이 땅의 충실한 목사들과 교회에 줄 수 있는 가장 큰 도움 중 하나는 자격을 갖춘 사람들, 즉 교회의 일원이지만 대부분 교회에 고용되지 않은 사람들이 장로 역할을 하는 것이다. 사실 그들은 우리가 줄 수 있는 선물이 아니다. 우리는 단지 그들을 알아볼 수 있을 뿐이다. 예수님이 우리에게 그런 선물을 주셨다.

"우리 각 사람에게 그리스도의 선물의 분량대로 은혜를 주셨나니 그러므로 이르기를 그가 위로 올라가실 때에 사로잡혔던 자들을 사로잡으시고 그 사람들에게 선물을 주셨다 하였도다"(엡 4:7-8)

"그가 어떤 사람은 사도로 어떤 사람은 선지자로 어떤 사람은 복음 전하는 자로 어떤 사람은 목사와 교사로 삼으셨으니 이는 성도를 온전하게 하여 봉사의 일을 하게 하며 그리스도의 몸을 세우려 하심이라 우리가 다 하나님의 아들을 믿는 것과 아는 일에 하나가 되어 온전한 사람을 이루어 그리스도의 장성한 분량이 충만한 데까지 이르리니"(엡 4:11-13)

당신이 교회 지도자든 평신도 회원이든, 주님이 주신 이 놀라운 선물들을 인정하고 존중하고 누리기 위해 과연 무엇을 하고 있는가?

부 록

집사 직무에 대한 설명

캐피톨힐 침례교회의 여러 집사 직책과 다양한 책임의 표본은 다음과 같다.

서점 집사

집사는 서점의 데이터베이스를 관리 유지하고 자원봉사자를 배치하며 서점의 거래와 관련된 문제를 처리한다.

- **직무**
  - 서적의 보관과 운영을 감독한다.
  - 일요일 오전/오후 서비스 및 수요일 밤 성경 공부 및 헨리 포럼 이후 고객을 위해 봉사하는 자원봉사자를 모집하고 훈련한다.
  - 서적이 있는 곳에서 방문객을 만나 인사하고 안내한다.
  - 서점에서 판매할 책 주문을 받는다.
  - CD를 특별 주문한다.
  - 판매 기록을 기록하고 유지한다.
  - 고객이 주문한 물건을 수거할 수 있도록 주의사항을 보낸다.
  - 나인 마크의 무료 문헌을 갖춘 선반을 보관한다.

- 장부 마감 시 CHBC 직원에게 판매 목록과 돈을 제출한다.
- 특별 주문 요청에 대해 CD 부에 통보한다.
- 자원봉사자를 모집하고 훈련하여 매주 재고를 수집한다.
- 필요에 따라 새로운 재고를 공급하거나 보류한다.
- 주문 기록을 유지하고 연간 예산 내에서 일한다.
- CD 주문과 관련하여 CD 부서와 대화한다.
- 판매된 물품을 다시 보관하도록 서적을 주문한다.

재정 집사

재정 집사는 장로, 다른 집사나 교회 관리자의 도움을 받아 제안된 예산안을 작성함으로써 연간 예산 절차를 조정할 책임이 있다. 예산안은 장로들이 다음 해 교회의 제안된 예산을 위해 5월에 시작된다. 교회 관리자는 예산집행부에 시설과 행정에 대한 교회 예산을 제공한다.

· 직무
- 다른 집사 및 교회 회원들과 협의하여 다음 해 각 부처에 대한 요청 예산을 결정한다.
- 교회 직원 급여 및 기타 직원 비용에 대한 제안된 금액을 결정하기 위해 교회 직원을 인터뷰한다.
- 교회가 소득과 비용 예측을 통해 제안된 예산을 충족시킬 수 있

는지를 결정한다. 경비가 소득을 초과할 것으로 판단하면 장로들에게 알리고 제안된 예산을 수정안으로 돌려줘야 한다.
- 원로들이 예산안을 승인하고 제안하면 신도들의 질문에 대답하여 알려준다.

아동부 집사

아동부 집사는 아동부 사역 장소의 청결과 질서를 유지하고, CHBC 정책 준수를 행정적으로 감독하고, 훈련을 시행하고, 아동부 자원봉사자들의 업무를 기록하고, 일정을 잡는 일을 담당한다.

· 직무
- 교회학교가 시작되기 전에 교실의 안전과 청결을 유지하라. 여기에는 나이에 맞는 장난감이 각 부문에 있는지 확인하고, 바닥에서 천장까지의 빔이 차단되고, 블라인드 코드가 올라가고, 출구가 덮여 있는지 확인하는 것이 필요하지만 이에 국한되지는 않는다.
- 장난감을 씻어 깨끗이 하여 아이들이 사용하기 전에 장난감 통에 넣어둔다.
- 모든 어린이의 체크인 및 체크아웃을 각 예배 전,후에 보육실이나 유아실에서 참조한다.
- 각 예배의 직원 대 자녀 비율에 관한 아동 보호 정책 준수를 준

행한다.
- 어린이집에 기저귀, 물티슈, 간식 등을 충분히 공급한다.
- 각 예배에서 유아방에서 봉사한 지원자가 어떤 사람인지에 대한 정확한 기록을 남기게 한다.
- 각 예배가 끝난 후 사고가 있을 때 또는 유년부 관리자에게 사고가 있을 때 보모에게 보고서를 제출하고 사인하여 확인 요청한다.
- 보육 교육을 시행한다.
- 보육원에서 자원봉사자들에게 "첫 번째 앞자리" 섬김의 역할을 하게 한다.
- 아동부 봉사를 위해 새로운 자원봉사자를 모집한다.

지역사회 봉사의 집사

지역사회 봉사 집사는 지역사회에 대한 CHBC 회원들의 참여를 쉽게 한다. 또한, 사역 기회를 홍보하여 잠재 인력을 확보하며, 장로들이 CHBC 회원이 지역사회를 복음화하도록 장려하는 일을 돕는다.

- 직무
  - 장로들이 승인한 복음주의 공동체 봉사 활동을 위한 CHBC 시설 사용에 관해 CHBC 직원과 협력한다.
  - 장로들이 CHBC 회원들이 예수 그리스도 제자의 산물로서 공동체

에서 가난한 사람들을 돌보는 데 충실하도록 격려하며 돕는다.
- CHBC 회원들을 지원하여 지역사회의 가난한 구성원들을 더 많이 섬기고 돌보는 데 전념할 수 있도록 실질적인 방법을 제시한다.
- 지역사회에서 가난한 사람들을 더 많이 섬기고 돌보기 위해 조언이나 도움을 구하는 CHBC 회원들을 위해 첫 번째 접촉 지점이 되어 봉사한다.
- D.C. 지하철 지역의 가난한 사람들을 위한 다양한 복음주의 단체와 관계를 검토, 평가 및 유지하여 자원봉사를 위해 단체와 파트너를 찾고 있는 개별 CHBC 회원들에게 정보와 조언을 제공한다.

회원돌봄 담당 집사

회원돌봄 담당 집사들은 두 가지 주요 임무가 있다. 구제기금을 관리하고, 회중 중 고령의 회원들을 위한 사역을 조정하는 것이다. 또한, 집사는 때때로 회원들을 위한 지원을 조정해야 한다.

구제기금은 교회 회원, 지역사회 구성원 또는 기타 가치 있는 곳에 재정적 요구를 충족시키는 데 사용된다. 기금은 회원 관리 담당관과 장로들의 감독으로 관리한다. 지출하기 위해서는 집사와 장로 한 명이 금액과 목적에 동의해야 한다. 지출에는 특정 조건 및 지속적인 상담이 요구될 수 있다.

돌봄 집사의 두 번째 주된 책임은 고령의 회중 구성원들을 위한 사역부서를 조정하는 것이다. 첫째, 집사는 고령의 구성원과 관계를 맺어 이들의 요구를 더 잘 이해하고 예측해야 한다. 예배의 예로는 교회로의 버스 일정 조정, 의사의 약속에 대한 자동차 조종, 집의 잔디 관리에 대한 지원 조정, 크리스마스 음식을 위한 고령 회원들의 돌봄과 기타 활동으로 조정하는 것이 있다.

의식 집사

의식을 담당하는 집사는 모든 침(세)례와 주님의 만찬(성만찬)을 제대로 집행할 책임이 있다.

- **직무**
    - 침(세)례를 위해 침(세)례와 관련된 사람들과 함께 의식이 원활하고 효율적으로 진행하도록 뒤에서 도와준다.
    - 의식 집사는 주님의 만찬(성만찬)을 위해 주의 만찬에 앞서 재료를 주문하고 준비하고 배열하고, 주의 만찬을 분배할 구성원을 선정하며, 만찬의 집행을 돕는다.

음향담당 집사

음향담당 집사는 교회의 오디오와 녹음을 담당하는 책임을 맡고 있다. 집사는 모든 서비스에 대한 소리가 명확하고 소음에 방해받지 않도록 해야 한다. 집사는 다음 부분에 대하여 봉사해야 한다. (1) 회중이 예배에 방해가 되는 것을 최소화하기 위해 (2) 예배 리더와 설교자들이 불편을 최소화하기 위해 (3) 녹음된 말들이 세상에 주는 효과를 위해.

- **직무**
    - 자원봉사자들을 훈련한다.
    - 자원봉사 일정을 유지하고 필요에 따라 주의사항을 알린다.
    - 훈련 자료와 참고 자료를 준비하고 유지한다.
    - 자원봉사자들을 주기적으로 재교육하여 일관성을 유지한다.
    - 음향 및 녹음 시스템을 유지, 보정 및 업그레이드하기 위해 기술 전문가 또는 자원봉사자를 관리한다.
    - 음향 사역에 대한 아이디어를 얻기 위해 다른 교회와 접촉한다.
    - 오디오 일관성을 위한 방법과 기준을 개발한다.
    - 음향 시스템의 필요에 따라 연간 예산을 마련한다.
    - 주일 아침 예배 전에 매주 음향의 질을 확인한다.

안내 집사

안내 집사는 주일 아침과 저녁 예배와 헨리 포럼과 같은 특별한 교회 모임에서 모든 안내와 인사를 담당한다.

· 직무
  - 안내 담당자와 환영 담당자의 모집과 일정 관리 업무에 대하여 이해하고 수행한다.
  - 헌금 순서를 담당한다. 헌금이 잘 모집되는 것과 모두 통합되는 과정과 금고에 저장되는 과정을 확인 감독한다.
  - 교회 장로들과 연락을 주고받는 역할을 한다.
  - 안내와 환영하는 봉사자를 개선하는 방법을 제안한다.

· 안내자의 직무
  - 회원과 교회 방문자를 환영한다.
  - 회원과 방문객을 앉힌다.
  - 주보를 나눠준다.
  - 교회 좌석이 효율적으로 사용되도록 안내한다.
  - 특히 방문객들의 질문에 친절하게 대답한다.
  - 도움이 필요한 사람들 특히 고령자를 지원한다.
  - 헌금 순서 및 수집 과정에서 책임성을 확보한다.
  - 기도와 성경 읽기 중에 성도가 자리를 찾아 이동함으로써 예배를 방해하지 않도록 하여 하나님과 말씀에 대한 적절한 경외심을 보장한다.

- **인사 및 환영 봉사자의 직무**
    - 회원과 방문객을 환영한다.
    - 주보를 배포한다.
    - 특히 방문객들의 질문에 대답한다.
    - 도움이 필요한 사람들 특히, 고령자를 지원한다.
    - 헌금 순서 및 수집 과정에서 책임성을 확보한다.
    - 기도와 성경 읽기 중에 성도가 자리를 찾아 이동함으로써 예배를 방해하지 않도록 하여 하나님과 말씀에 대한 적절한 경외심을 보장한다.

환영 집사

환영 집사는 방문객/회원, 신자/비신자가 다과를 함께하고 친교를 통해 관계를 맺을 수 있는 환경을 구성한다.

- **직무**
    - 환영부에서 리더십 개발을 하도록 하고 관리 감독한다.
    - 이 부처에서 섬기는 지도자를 모집하고, 훈련하며, 권한을 부여한다.
    - 다른 사람의 재능을 개발하는 데 도움을 주면서 재능을 사용하도록 격려한다.
    - 지속적인 평가와 개발을 제공한다.

- 이 부처에 영향을 미치는 예산을 관리한다.
- 이 부처를 유지하는 데 필요한 제품, 물품이나 장비의 재고를 관리한다.
- 장로들과 소통한다.

· **직접적인 책임 기능**
- 일요일 아침 웨스트 홀 펠로우십.
- 헨리 포럼 펠로우십.
- 언덕 위의 캐롤스.
- 포틀럭 회원.
- 출산한 산모들에게 음식 제공하기.
- 병/병원에서 가족들에게 음식 제공하기.
- 장례 발생 시 필요 돕기.
- 신입 회원 오찬.

성구 색인

시편
1	36
19	36
119	36

마태복음
5:16	67
18	58
18:15-17	50
20:26	14

누가복음
12:35-48	37

요한복음
10:16	60
12:26	14
13:34-35	60
13:35	23, 67
14:21	63
15:5	60

사도행전
6	15
6:1-7	21
6:2	46
6:2-4	15
6:3	16
6:4	34, 46
9:4	69
11:30	28
14:23	28
15:2, 4, 6, 22-23	28
16:4	28
20:17	29
20:17, 28	28
20:28	37, 39
20:29	40
21:18	29

로마서
1:11-12	23
6:3-4	58
15:14	37
16:1	17
20:17	28

고린도전서
1	58
1:13	69
1:28-29	71
5	50
7:19	69
8:1	70
10:16-17	60
11:23-26	70
12	60
12:4-7, 12	24
12:27	69
13	70
14	24
14:12	24
14:26	24, 70
15:17-19	71
16:14	70

고린도후서
2:6-8	50
13:5	35

갈라디아서
1:6-9	50
3:28	30

에베소서
4:7-8, 11-13	74
4:11	28
4:11-12	64
4:11-13	75

빌립보서
1:1   17
4:15-18   47

데살로니가전서
5:13   53

디모데전서
2   17,30
2:12   30
3   30
3:1-7   30
3:2   36
3:8-13   16
4:14   29
5   29
5:17   29, 53
5:17-18   47

디모데후서
2:2   42
4:3   50,51

디도서
1   30
1:5   29
1:5-9   30
1:6   53
1:7-9   41

히브리서
10:24-25   60
13:7   73
13:17   37,50,54

야고보서
5:14   29, 34

베드로전서
2:5   60

2:12   67
4:10   24
5:1   29
5:1-2   28
5:2   37,41
5:3   42

요한일서
4:20   62

요한이서
2   29

요한삼서
3   29

요한계시록
2   46
3   46

"너희 모든 일을 사랑으로 행하라"
(고전 14:26)